AF069889

ÄGYPTOLOGISCHE ABHANDLUNGEN
HERAUSGEGEBEN VON
WOLFGANG HELCK UND EBERHARD OTTO

BAND 13

ERIK HORNUNG

DAS AMDUAT

DIE SCHRIFT DES VERBORGENEN RAUMES

HERAUSGEGEBEN

NACH TEXTEN AUS DEN GRÄBERN DES NEUEN REICHES

TEIL III: DIE KURZFASSUNG. NACHTRÄGE

1967
OTTO HARRASSOWITZ · WIESBADEN

DAS AMDUAT

DIE SCHRIFT DES VERBORGENEN RAUMES

VON

ERIK HORNUNG

HERAUSGEGEBEN

NACH TEXTEN AUS DEN GRÄBERN DES NEUEN REICHES

TEIL III: DIE KURZFASSUNG. NACHTRÄGE

1967

OTTO HARRASSOWITZ · WIESBADEN

Gedruckt mit Unterstützung der Deutschen Forschungsgemeinschaft
Gesamtherstellung: BOD, Hamburg
Printed in Germany

Otto Harrassowitz GmbH & Co. KG
Kreuzberger Ring 7c-d, D-65205 Wiesbaden,
produktsicherheit.verlag@harrassowitz.de

INHALT

EINLEITUNG

Unter dem Datum des 21. 11. 1892 erhielt der junge schweizer Ägyptologe Gustave Jéquier (1868—1946) ein Abschlußdiplom der Sektion für Geschichte und Philologie an der École pratique des Hautes Études in Paris. Seine Diplomarbeit *Le Livre de ce quil y a dans l'Hadès, Version abrégée* erschien zwei Jahre später im Druck (Paris 1894) und ist bis heute die einzige und grundlegende Edition der Kurzfassung des Amduat geblieben. Jéquiers Lehrer Gaston Maspero hatte sich bereits in den Jahren davor um die Übersetzung und das Verständnis der Unterweltsbücher des Neuen Reiches, vor allem des Amduat, bemüht[1]); zwei Papyri mit der Kurzfassung des Buches waren schon vor Jéquier veröffentlicht und der eine von ihnen (Louvre 3071) auch übersetzt worden[2]). Jéquier konnte auf diesen Vorarbeiten aufbauen und sein Material durch unveröffentlichte Papyri in Berlin, Leiden und Paris vermehren; da ihm unveröffentlichte Papyri an anderen Orten, vor allem in Kairo, London und Turin, unzugänglich blieben, erfaßt seine Edition nur eine Auswahl aus den zahllosen Amduat-Papyri der Spätzeit, die immer noch der Veröffentlichung harren.[3]).

Aus den Königsgräbern des Neuen Reiches hat Jéquier nur die unvollständige Version in der Sargkammer Sethos' I. berücksichtigt, die er aus der fehlerreichen Veröffentlichung des Grabes durch Lefébure[4]) übernahm. Anscheinend ist ihm entgangen, daß seit 1889 eine weitere, allerdings noch unvollständigere Fassung aus der Sargkammer Ramses' IV. veröffentlicht vorlag[5]). Die Gräber Amenophis' III. und Ramses' II. waren zwar zu seiner Zeit schon zugänglich, sind jedoch bis heute unveröffentlicht geblieben. Nur vier Jahre nach dem Erscheinen seiner Edition, im Jahre 1898, wurden die Gräber Thutmosis' III. und Amenophis' II. mit noch älteren und besseren Versionen der Kurzfassung entdeckt; sie wurden 1932 von Bucher veröffentlicht und konnten dann von H. Grapow und S. Schott für Untersuchungen zur Kurzfassung des Amduat herangezogen werden[6]). Damit erhöhte sich die Zahl der aus dem Neuen Reich bekannten Exemplare bereits auf sechs. Die siebente, zugleich die älteste und beste Version in der Grabkammer des Wesirs User, wurde erst 1961 bekannt[7]).

Nachdem statt des einen, unvollständigen Exemplars aus dem Grab Sethos' I., das Jéquier benutzt hat, nunmehr sieben Exemplare der Kurzfassung aus dem Neuen Reich, darunter vier

---

[1]) In seiner Beschreibung des Amduat (Études de mythologie et d'archéologie égyptienne Bd. II, 1893) zieht Maspero zu den einzelnen Stunden auch die Kurzfassung (Abrégé) mit heran, allerdings nur bis zur 7. Stunde, da das ihm vorliegende Exemplar aus dem Grab Sethos' I. dort endet.

[2]) Turiner Exemplar: Lanzone, Le Domicile des Esprits, Paris 1879. Pap. Louvre 3071: Devéria, Catalogue des manuscrits égyptiens ... conservés au Musée égyptien du Louvre, Paris 1881, S. 15—48; Pierret, Études égyptologiques II, S. 103—148.

[3]) Vgl. für Kairo z.B. Piankoff, BIFAO 62, 1964, 123f. und ders., The Litany of Re S. 63 Anm. 72.

[4]) Le Tombeau de Séti Ier, Mémoires publiés par les membres de la Mission Archéologique Française au Caire II (1886). Vgl. Amduat Teil I S. XV.

[5]) Vgl. unten S. XIIf.

[6]) H. Grapow, Studien zu den thebanischen Königsgräbern, ZÄS 72, 1936, 12—39 (zur Kurzfassung S. 30ff.); S. Schott, Die Schrift der verborgenen Kammer in Königsgräbern der 18. Dynastie, NAWG 1958 Nr. 4 (vor allem S. 341f., 346—350 und 367ff.).

[7]) E. Hornung, Die Grabkammer des Vezirs User, NAWG 1961 Nr. 5, S. 111—113 mit Taf. IVb.

ursprünglich vollständige, zur Verfügung stehen, rechtfertigt sich wohl eine Neuherausgabe des Textes als Ergänzung meiner kritischen Ausgabe des ausführlichen Amduat (Langfassung)[8]. Der Deutschen Forschungsgemeinschaft danke ich dafür, daß sie mir im Herbst 1962 einen Aufenthalt in der thebanischen Nekropole ermöglicht hat, bei dem ich die veröffentlichten und unveröffentlichten Exemplare der Kurzfassung abschreiben bzw. kollationieren und zum Teil auch Lichtbilder herstellen konnte.

Die Prinzipien dieser Neuherausgabe sind die gleichen wie in Teil I meiner Edition. Ich beschränke mich wieder auf die Versionen des Neuen Reiches (18. bis 20. Dynastie) und ziehe Papyri der Spätzeit (21. Dynastie ff.), von denen sich eine Auswahl bei Jéquier findet, nur im Kommentar mit heran. Für überlieferungsgeschichtliche Studien wird die alte Ausgabe von Jéquier daher ihren Wert behalten, während sie im übrigen durch die vorliegende, auf ein breiteres und älteres Textmaterial gestützte Ausgabe ersetzt werden soll. Jeder, der mit der Edition von Jéquier gearbeitet hat, konnte sich von der Sorgfalt und Zuverlässigkeit seiner Abschriften überzeugen; nur dort häufen sich Fehler, wo er vorhandene Abschriften nicht kollationieren konnte, sondern mit all ihren Fehlern übernehmen mußte. Die Konkordanz auf S. 53 soll es dem Benutzer erleichtern, Zitate der Kurzfassung nach Jéquiers *Livre de ce qu'il y a dans l'Hadès* in der vorliegenden Ausgabe wiederzufinden.

Wie bei der Langfassung des Amduat (Teil I) ist auch hier bei der Kurzfassung nur die Version aus dem Grab Amenophis' II. ausführlich veröffentlicht. Sie ist bis auf die Auslassung der Verse 274 und 275 vollständig, ohne zerstörte Stellen und mit wenigen Ausnahmen frei von Fehlern. Die anderen Versionen wurden wie in Teil I in einen kritischen Apparat verwiesen. Der Benutzer mag wieder mit Recht bedauern, daß ihm nicht alle Versionen *in extenso* vorgelegt werden, doch soll auch in diesem Teil einer endgültigen Veröffentlichung der Königsgräber, die jetzt in Gang kommt, nicht vorgegriffen werden. Auf spezielle Fragen nach der genauen Anordnung und Gestalt der Zeichen oder nach ihrer Farbgebung (s. Maystre, RdE 17, 1965, 219) kann ohnehin nur eine exakte Veröffentlichung der Gräber Auskunft geben.

Für die Varianten im kritischen Apparat gelten die in Teil I S. X aufgeführten Beschränkungen; zusätzlich ist die konsequente Schreibung [hieroglyph] für [hieroglyph] bei Th III nicht als eigene Variante aufgenommen worden. Die fast durchweg übereinstimmenden Rubra[9] sind wieder unterstrichelt.

Die Gliederung des Textes, die A III und der bei Jéquier veröffentlichte Papyrus Berlin 3001 besonders deutlich und großzügig durchführen, hat mich zu einer metrischen Analyse der Kurzfassung angeregt. Als Grundlage dienten mir die Regeln der ägyptischen Metrik, die G. Fecht in den letzten Jahren erarbeitet und veröffentlicht hat[10]. Ich danke Herrn Fecht für seinen Rat an fraglichen Stellen, muß aber betonen, daß mögliche Fehler bei der Analyse zu meinen Lasten gehen. Die bisher veröffentlichten Regeln haben sich ausgezeichnet bewährt, doch sind sie noch nicht überall vollständig und gestatten daher an manchen Stellen keine sichere Abgrenzung von Kola oder Versen. So habe ich mich darauf beschränkt, meine Übersetzung in

---

8) Das Amduat. Die Schrift des Verborgenen Raumes. Teil I: Text, Teil II: Übersetzung und Kommentar. Wiesbaden 1963 (= Ägyptologische Abhandlungen Band 7). Bisherige Besprechungen: Derchain, BiOr 21, 1964, 303—304; Morenz, Theologische Literaturzeitung 90, 1965, 501—503; de Meulenaere, CdE 40, 1965, 92—93; Maystre, RdE 17, 1965, 216—220.

9) Eine Abweichung in Vers 121 bei Th III.

10) G. Fecht, ZÄS 91, 1964, 30—36; ders., MDIK 19, 1963, 63—71; ders., Literarische Zeugnisse zur „Persönlichen Frömmigkeit" in Ägypten, Abh. d. Heidelberger Akad. d. Wiss., Philos.-histor. Klasse 1965 Nr. 1, S. 28—38.

„Strophen" und „Verse" zu gliedern und bei meinen Bemerkungen zum Text und zur Übersetzung auch die metrische Gestaltung zu berücksichtigen. Der kunstvolle metrische Aufbau, schon jetzt deutlich genug, wird einer genaueren Analyse zweifellos noch mehr Feinheiten offenbaren[11]).

Ein wichtiges Ergebnis der metrischen Analyse war die Erkenntnis, daß die scheinbaren „Lücken" im Text der Kurzfassung auf zwei Ursachen zurückgeführt werden können: auf die Abgrenzung von „Strophen" und gelegentlich von einzelnen Versen, wobei der freigelassene Raum die Funktion der „Verspunkte" in anderen Handschriften hat, und auf die Textanordnung der Papyrusvorlagen, die in der Regel am unteren Ende der senkrechten Zeilen etwas freien Raum gelassen haben (wie der Pap. Berlin 3001). A II hat diesen freien Raum in der Regel getreu übernommen, obgleich er die Zeilen anders abtrennt; daher treten in seinem Exemplar auch innerhalb der Verse scheinbare „Lücken" auf, in denen in Wahrheit kein Zeichen zu ergänzen ist. Im autographierten Text (S. 1—26) sind nur diese „Lücken" innerhalb der Verse berücksichtigt, während auf die verstrennenden Absätze in den Bemerkungen zum Text hingewiesen wird. Diese Bemerkungen sind nicht als Kommentar gedacht, da die inhaltlichen Fragen im wesentlichen bereits im II. Teil dieser Edition besprochen wurden und hier nicht wiederholt zu werden brauchen. Soweit sich inzwischen bessere Möglichkeiten zur Übersetzung und zum Verständnis des Textes ergeben haben, wurden sie benutzt, während sich meine Übersetzung (S. 27—35) im übrigen an die Übersetzung der Langfassung im II. Teil anlehnt.

Die „Wiedergewinnung der ägyptischen Metrik" durch G. Fecht schafft auch für das Verständnis der Langfassung einen neuen Ausgangspunkt. Viele der „Lücken", die sie aufweist, lassen sich nun wie in der Kurzfassung auf einen Zeilenwechsel der Papyrusvorlage zurückführen. Daß diese Vorlage ursprünglich in senkrechten Zeilen geschrieben war, hat bereits H. Altenmüller gesehen, doch will er das komplexe Ursachenbündel der „Lücken" (die in der Langfassung ja häufig echte Textauslassungen sind!) zu schnell auf ein bis zwei Möglichkeiten und eine schematische „Ahnenreihe" von Vorlagen eingrenzen. Die Gestalt der ursprünglichen Vorlage wird erst dann sichtbar, wenn man außer den „Lücken" auch den metrischen Aufbau des Textes und seine zum Teil stichische Schreibung berücksichtigt. Eine solche Untersuchung würde, wenn sie für das ganze Amduat durchgeführt wird, einen eigenen stattlichen Band füllen. In den Nachträgen zu Teil II (unten S. 59ff.) habe ich mich daher auf wenige exemplarische Beispiele beschränkt und damit nur die Richtung angedeutet, in der die Lösung der noch offenen Fragen zu suchen ist. Unser Verständnis dieser ältesten dichterischen Höllenvision der Menschheit und Urahnin von Dantes Inferno bleibt immer noch ein *Paululum appropinquat.* In welchem Maße unser Verständnis jedoch voranschreitet, zeigt die erfreulich große Zahl von Verbesserungen und Ergänzungen, die sich in den drei Jahren seit dem Abschluß meiner Edition der Langfassung angesammelt haben. Ich danke vor allem S. Morenz und D. Müller für wertvolle Hinweise, Ergänzungen und Verbesserungen; D. Müller hat mich mit weiteren Parallelen aus den Sargtexten versorgt und aus seiner besseren Kenntnis dieser Spruchsammlung meinen Eindruck bestätigt, daß das Amduat inhaltlich wie terminologisch, trotz mancher Parallelen, gegenüber den Sargtexten und auch gegenüber dem Zweiwegebuch eine neue Epoche ägyptischer Jenseitsvorstellungen einleitet. J. Assmann verdanke ich die Kenntnis seiner noch ungedruckten Dissertation (Heidelberg 1965) „Untersuchungen zur altägyptischen Hymnik I. Teil: Liturgische Lieder an den Sonnengott", die unser Verständnis der Unterweltsbücher in vieler Hinsicht fördert und vor allem ihre kultische Komponente aufweist.

---

[11]) Vgl. auch die Bemerkungen und das Schema unten S. 56.

Weitere Verbesserungsvorschläge und Einsicht in seine noch ungedruckte Besprechung von Amduat I—II verdanke ich H. Altenmüller. Die Darstellungen der 5. Stunde hat S. Schott inzwischen neu und überzeugend gedeutet (Zum Weltbild der Jenseitsführer des neuen Reiches, NAWG 1965 Nr. 11), an anderen Stellen des Amduat glaube ich durch eigene Weiterarbeit an den Problemen das Verständnis verbessert zu haben. Aus der beträchtlichen Fülle dieses zusätzlichen Materials sind die Nachträge unten auf S. 59—67 ausgewählt. Indem sie die Unvollkommenheit unserer Kenntnis aufzeigen, mögen sie den Benutzer zur eigenen, kritisch prüfenden Weiterarbeit an den noch ungelösten Fragen ermutigen!

Durch das großzügige Entgegenkommen der Papyrussammlung der Staatlichen Museen zu Berlin ist es mir möglich, der Edition neue Lichtbilder von der Kurzfassung im Papyrus Berlin 3001 beizugeben (Tafel 5—10). Durch ihre weitgehend stichische Schreibung ist diese Handschrift ein Schlüssel zum metrischen Aufbau der Kurzfassung und vermittelt zugleich ein recht getreues Bild der Papyrusvorlage, die den Umrißzeichnern der Königsgräber vorgelegen hat. Herrn Direktor Dr. Wolfgang Müller und seinen Mitarbeitern danke ich für die Anfertigung der Lichtbilder und für die Erlaubnis zur Veröffentlichung. Den Herausgebern der „Ägyptologischen Abhandlungen" und dem Verlag Otto Harrassowitz gilt mein Dank für die angenehme Zusammenarbeit, der Deutschen Forschungsgemeinschaft für ihre Druck- und Reisebeihilfe.

DIE QUELLEN

Die Kurzfassung des Amduat ist im Neuen Reich (1551—1070 v. Chr.) in vier Gräbern der 18., zwei Gräbern der 19. und einem Grab der 20. Dynastie erhalten. In chronologischer Reihenfolge sind es[1]:

1. USER. In der Grabkammer des Wesirs Useramun ist der vollständige Text der KF auf die Nordwand (Vers 1—130) und Ostwand (Vers 131—300) verteilt. Er steht in senkrechten Zeilen jeweils unter Darstellungen der LF. Den Anfang des Textes habe ich in meinem Vorbericht (Die Grabkammer des Vezirs User, NAWG 1961 Nr. 5) Tafel IV b veröffentlicht. Unmittelbar anschließend hat ein großes Loch in der Nordwand die ganze 4. und Teile der 3. und 5. Stunde zerstört. Die restlichen Zeilenanfänge der Nordwand sind a.a.O. Tafel III b unten sichtbar, ein Teil des Textes auf der Ostwand hier Tafel 1a. Der Schreiber hat den Text zunächst großzügig, nach „Strophen" gegliedert verteilt, dann aber mitten in der 5. Stunde begonnen, ihn eng zusammenzudrängen; aus Furcht, mit dem zur Verfügung stehenden Raum nicht auszukommen, hebt er nicht einmal den Beginn der 6. und 7. Stunde durch Zeilenwechsel hervor. Erst in der 9. Stunde kehrt er zur früheren großzügigen Anordnung zurück, und am Schluß bleibt ihm noch reichlich Raum übrig. Die Version ist, soweit erhalten, nahezu fehlerfrei und damit nicht nur die älteste, sondern auch die beste.

2. THUTMOSIS III. hat den vollständigen Text der KF zusammen mit einem persönlichen Zusatz am Ende auf den beiden Pfeilern seiner ovalen Sargkammer anbringen lassen, jeweils auf der dem Eingang zugekehrten Seite. Die erste Hälfte (1. bis 5. Stunde) steht auf dem hinteren (östlichen) Pfeiler, die zweite (6. Stunde bis Schluß) auf dem vorderen (westlichen), bei Bucher, Les textes des tombes de Thoutmosis III et d'Aménophis II, pl. XXV bzw. pl. XXIII veröffentlicht. Abgesehen von Ramses IV. ist diese Version die einzige, welche die KF in waagerechten Zeilen schreibt. Ein Teil der Zeilenanfänge auf dem hinteren Pfeiler und der Schluß der 5. Stunde sind zerstört, im übrigen ist der Text vollständig erhalten. Strophengliederung findet sich nur an wenigen Stellen, zumeist werden die Verse fortlaufend geschrieben.

3. AMENOPHIS II. In der Sargkammer dieses Grabes schließt die KF auf der Ostwand an das Ende der LF an und füllt den Rest der Wand genau aus. Die Länge der senkrechten Zeilen wird durch den Eingang zu einer der Nebenkammern bestimmt, die 12. Stunde und der Schlußtitel sind in waagerechten Zeilen geschrieben (s. die Veröffentlichung bei Bucher a.a.O. pl. XLI oben). In der Leerzeile über dem Text hat der Vorzeichner die einzelnen Stunden gegeneinander durch Striche abgegrenzt, konnte allerdings die 9. und 10. Stunde nicht in einer neuen Zeile beginnen. Die Strophengliederung seiner Vorlage deutet er gelegentlich durch kleine „Lücken" an, setzt solche „Lücken" aber auch häufig beim Zeilenwechsel der Vorlage, die in wesentlich kürzeren Zeilen abgefaßt war.

---

[1]) Zu den Gräbern selbst vgl. ausführlicher Teil I, S. XIII—XVI; alle enthalten auch die Langfassung.

4. AMENOPHIS III. schließt wie Amenophis II. die KF an das Ende der LF an. Auf der Ostwand blieb ihm nur noch Platz für sieben Zeilen (Vers 1—13), der Rest steht in 180 senkrechten Zeilen auf der Südwand der Grabkammer, gefolgt vom Anfang der LF. Durch den ungewöhnlich großen Raum bot sich dem Vorzeichner die einmalige Möglichkeit, seine Papyrusvorlage Zeile für Zeile in der gleichen Anordnung an der Wand „abzurollen". Wie ein Vergleich mit dem Pap. Berlin 3001, den Jéquier in seiner Ausgabe veröffentlicht hat, zeigt, hat er sich diese Chance nicht entgehen lassen. Die geringere Zeilenzahl (175) im Berliner Papyrus rührt von einigen Auslassungen her, während im übrigen die Zeilenanordnung in beiden Exemplaren identisch ist. Die Nachtstunden werden übereinstimmend durch Doppelstriche gegeneinander abgesetzt. Die Version im Grab Amenophis' III. ist demnach ein getreues Abbild ihrer Papyrusvorlage, und diese Vorlage steht dem Pap. Berlin 3001 sehr nahe, war jedoch vollständiger und besser. Der Vorzeichner im Grab Amenophis' III. hat mit seiner Vorlage auch deren Strophengliederung übernommen und uns dadurch die Einsicht in den metrischen Aufbau des Textes wesentlich erleichtert. Die beiden Proben auf Taf. 2 mögen eine Vorstellung von der großzügigen Verteilung des Textes geben, der im übrigen noch unveröffentlicht ist. Ich betrachte meine Abschrift nur als provisorisch, da die Zeilenanfänge in den ersten Stunden durch Fledermauskot verschmutzt und häufig unleserlich sind und die 5. Stunde durch ein tiefes Loch davor nicht direkt an der Wand abgeschrieben werden konnte. Die endgültige Aufnahme des Grabes wird, so hoffe ich, die Lesung des Textes an manchen Stellen sicher verbessern können. Die 10. und 11. Stunde sind allerdings zum größten Teil bereits zerstört.

5. SETHOS I. Die ramessidischen Gräber haben das Amduat nicht mehr vollständig und fortlaufend in einem Raum angebracht, sondern einzelne Teile über das ganze Grab verteilt. Damit hängt sicher auch die Unvollständigkeit der KF in den ramessidischen Versionen zusammen. Im unteren Teil der Pfeilerhalle, in welchem der Alabastersarg des Königs stand, hat Sethos I. die ersten 150 Verse der KF in kurzen senkrechten Zeilen auf die vier Wände verteilen lassen, zwischen die oberen Register der LF (bzw. die Pfeiler) und die astronomische Decke darüber. Der Text bricht zu Beginn der 7. Stunde aus Raummangel ab. Er ist in fehlerhafter Abschrift im 4. Teil pl. XXIV—XXXV der Edition des Grabes durch Lefébure (s. oben S. VII Anm. 4) veröffentlicht worden. Eine Strophengliederung ist kaum noch zu erkennen, und die Qualität des Textes hat gegenüber der 18. Dyn. stark abgenommen.

6. RAMSES II. hat als einzige der uns erhaltenen Versionen den Text der KF nicht in der Sargkammer, sondern in einer Seitenkammer (P bei Porter-Moss) angebracht. Da die Kammer fast zur Hälfte unter Schutt begraben ist, bleibt meine Abschrift auch hier provisorisch — bei einer vollständigen Ausräumung werden sicher noch mehr Fragmente sichtbar werden. Der jetzt zugängliche Text ist sehr stark zerstört und läßt, außer am Anfang (s. Taf. 1 b), keine Gliederung erkennen, die einzelnen Stunden schließen sich ohne Zeilenwechsel an die vorangehende Stunde an. Der Text beginnt links vom Eintretenden auf der Westwand, wechselt in Vers 48 auf die Nordwand, in Vers 124 auf die Ostwand, in Vers 222 auf die Südwand, wo er mitten in der 10. Stunde abbricht; es folgen die Titulatur des Königs und ein kleiner Ausschnitt aus dem Pfortenbuch mit der Gerichtshalle des Osiris.

7. RAMSES IV. hat aus dem Amduat nur einzelne Verse herausgegriffen, vgl. Teil I S. XVI und unten S. 66 den Nachtrag zu S. 170 Bem. 6. Die knappe Auswahl aus der KF umfaßt

die Verse 125—133 aus der sechsten und 219—228 aus der neunten Stunde; zwischen Darstellungen des Pfortenbuches und der Decke sind sie als eine einzige waagerechte Zeile rings um die Sargkammer aufgemalt und bei Lefébure, Tombeau de Ramsès IV. (Mémoires publiés par les membres de la Mission Archéologique Française au Caire III, 2. fasc., 3. Teil, Paris 1889) pls. XVII—XXVI veröffentlicht.

Alle veröffentlichten Texte habe ich kollationiert und die unveröffentlichten Exemplare der Kurzfassung im Herbst 1962 abgeschrieben.

Stark abgekürzt zitierte Titel

ASAE	=	Annales du Service des Antiquités de l'Égypte
Assmann, Liturg. Lieder	=	J. Assmann, Untersuchungen zur altägyptischen Hymnik, I. Teil: Liturgische Lieder an den Sonnengott, Dissertation Heidelberg 1965
BIFAO	=	Bulletin de l'Institut français d'archéologie orientale
BiOr	=	Bibliotheca Orientalis
CdE	=	Chronique d'Égypte
CT	=	A. de Buck, The Egyptian Coffin Texts, Band I—VII, Chicago 1935—1961
Dendara	=	É. Chassinat, Le Temple de Dendara, Kairo 1934ff.
Derchain, pSalt	=	Ph. Derchain, Le Papyrus Salt 825 (B. M. 10051), rituel pour la conservation de la vie en Égypte, Mémoires de l'Académie royale de Belgique, Classe des Lettres et des Sciences Morales et Politiques, Collection in-8°, Bd. LVIII/1, Bruxelles 1965
EAT	=	O. Neugebauer und R. A. Parker, Egyptian Astronomical Texts, Providence und London 1960ff.
Edfou	=	de Rochemonteix und É. Chassinat, Le Temple d'Edfou, Band I—XIV, Kairo 1892—1934
Fecht . . .	=	Liste der metrischen Regeln von G. Fecht (mehrfach veröffentlicht, s. im einzelnen oben S. VIII Anm. 10)
FuF	=	Forschungen und Fortschritte
Hb	=	Höhlenbuch, Tafel und Zeile der Edition von A. Piankoff, Le Livre des Quererts, Kairo 1946
JEA	=	Journal of Egyptian Archaeology
JEOL	=	Jaarbericht van het Vooraziatisch-Egyptisch Genootschap Ex Oriente Lux
JNES	=	Journal of Near Eastern Studies
MDIK	=	Mitteilungen des Deutschen Archäologischen Instituts, Abteilung Kairo
NAWG	=	Nachrichten der Akademie der Wissenschaften in Göttingen, I. Philologisch-historische Klasse
Pfb	=	Pfortenbuch, Band und Seite der Edition von Ch. Maystre und A. Piankoff, Le Livre des Portes, Kairo 1939—1962
Pyr.	=	K. Sethe, Die altägyptischen Pyramidentexte, Leipzig 1908—1922, 2. Aufl. Darmstadt 1960
RdE	=	Revue d'Égyptologie
Tb	=	Totenbuch
Urk	=	Urkunden des ägyptischen Altertums
Wb	=	Wörterbuch der ägyptischen Sprache, herausgeg. von A. Erman und H. Grapow, Leipzig und Berlin 1926—1963
ZÄS	=	Zeitschrift für ägyptische Sprache und Altertumskunde

Sonstige Abkürzungen

A II	=	Amenophis II.
A III	=	Amenophis III.
Bem.	=	Bemerkung
det.	=	determiniert
f.	=	fehlt
KF	=	Kurzfassung
LF	=	Langfassung
R II	=	Ramses II.
R IV	=	Ramses IV.
S I	=	Sethos I.
Th III	=	Thutmosis III.
U	=	User
Vs.	=	Version
↔	=	freigelassener Raum
▨	=	zerstört bzw. unleserlich

Titel

a b c d

Erste Stunde

e f g h i

j k

l m n o

p q

r s

a) R II
b) U, Th III, S I A III, R II
c) U, S I A III, R II
d) A III
e) U, Th III f.; A III
f) übr. Vs.
g) S I
h) übr. Vs.
i) U det.
j) U det.
k) R II
l) S I
m) U Th III, A III, S I R II
n) S I R II
o) S I
p) U, Th III, A III, S I R II
q) S I R II
r) S I R II
s) U A III

a) U f.
b) S I ... R II
c) Th III ...
d) U
e) übr. Vs.
f) U, S I, R II ... Th III, A III
g) R II ...
h) S I det.
i) S I
j) S I
k) R II
l) R II
m) U, Th III ... S I
A III, R II
n) Th III, A III ... S I ... R II
o) S I
p) Th III, A III, S I f. ... U, R II
q) Th III, S I ... U, R II
r) U, Th III, A III
S I ... R II
s) S I f.
t) S I f.
u) U, Th III, S I
A III ... R II
v) S I
w) Th III ... etc. S I
R II
x) S I f.
y) A III, S I
z) S I
aa) R II ... übr. Vs.
bb) übr. Vs. f. ↔
cc) S I
dd) S I
ee) U, Th III ... S I f. ... R II

Zweite Stunde

a) U f. b) U f. c) U Th III f. ... SI d) U e) SI f) R II

g) U, Th III det. SI, R II h) U, Th III f. ... SI, R II i) U A III Th III, SI, R II j) U f.; SI k) U l) Th III A III, SI U R II m) U A III

n) U f. o) R II p) U, Th III, SI A III R II

q) SI R II r) SI R II f. s) R II ...

t) SI u) SI v) U Th III A III SI R II

w) übr. Vs. f. ↔ x) SI folgt y) U A III det. SI R II z) U aa) U bb) A III R II

cc) U folgt

Dritte Stunde

a) A III f. b) SI c) A III d) U, Th III, SI f.
e) U, Th III, SI R II f) U, A III SI R II g) A III
h) U, Th III, SI R II f. i) SI j) U Th III,
A III R II k) U, Th III, A III det. R II l) U
m) R II n) U f. o) R II U A III p) Th III f.;
A III q) Th III SI r) SI
s) SI t) A III u) SI v) SI, R II

Vierte Stunde

a) Th III U, A III, R II

b) SI det.

c) SI f.

d) übr. Vs.

e) SI

f) übr. Vs.

g) R II

h) Th III

i) R II

j) SI

k) übr. Vs. folgt

l) A III

m) A III

n) Th III, SI

o) Th III A III

p) A III SI f.

q) A III SI

r) SI etc. R II

s) Th III

t) übr. Vs.

u) SI f.

Fünfte Stunde

a) SI

b) SI, R II f. ...

c) SI

d) SI f.

e) A III ... SI

f) SI ... R II

g) SI

h) A III

i) SI

j) Th III, A III ... R II

k) übr. Vs.

l) SI

m) Th III f.

n) A III ... SI ... Th III f. ↔ U, R II

o) Th III, A III ... SI ... R II

p) Th III ... U, R II

q) A III

r) Th III

s) übr. Vs.

t) R II

u) übr. Vs.

v) übr. Vs. det.

w) R II ... U, A III

x) übr. Vs.

y) SI

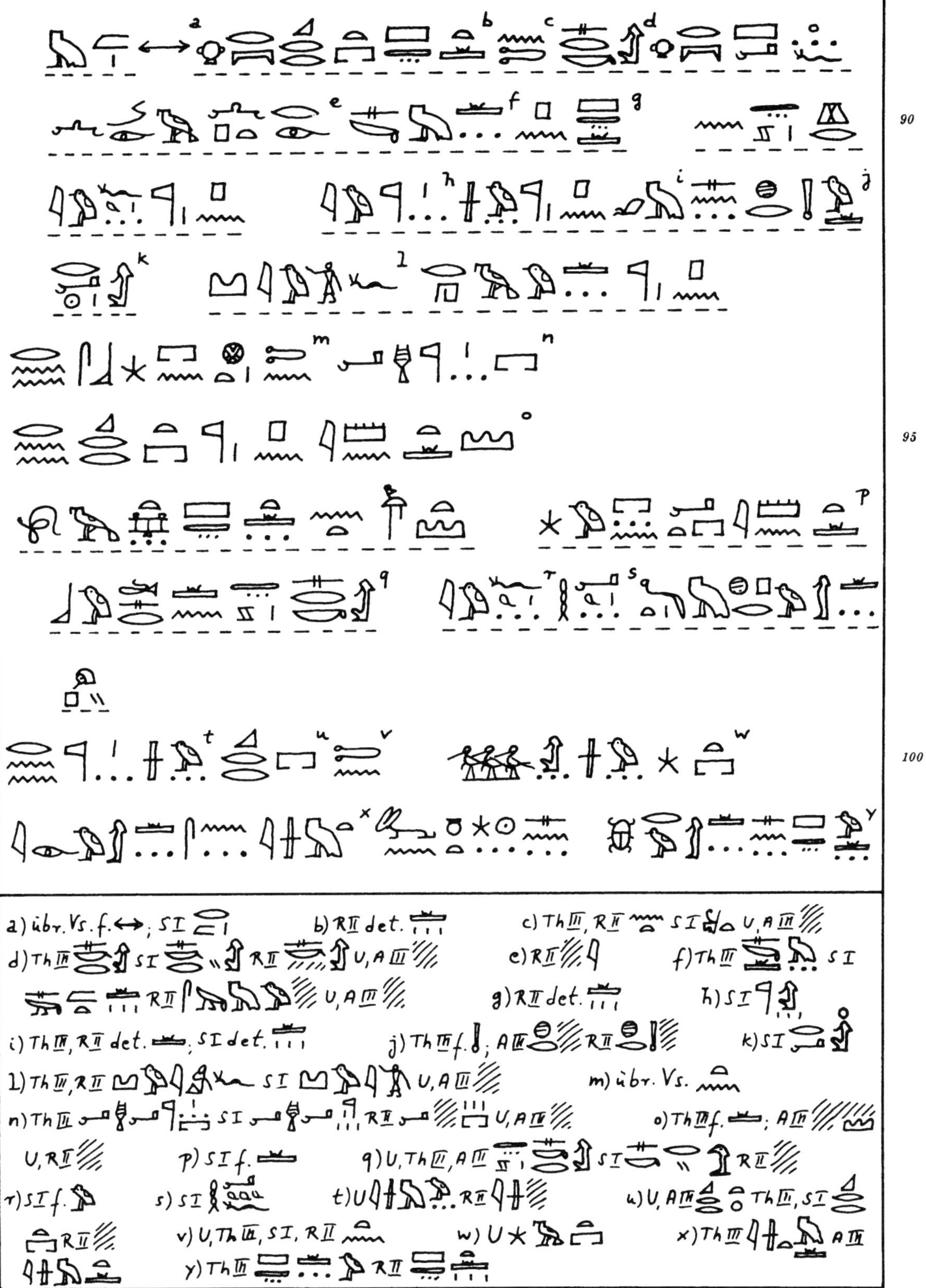

a) R II …
b) R II …
c) U, S I, R II …
d) S I … R II …
e) U … Th III, S I … R II …
f) S I …
g) U …
h) U, A III … Th III … S I … R II …
i) U det. …
j) Th III, S I f. …
k) U, Th III, S I f. …
l) Th III …
m) S I … R II …
n) U, A III, S I … Th III … R II …
o) U … Th III, A III, S I … R II …
p) U …
q) A III f. … ; übr. Vs. …
r) übr. Vs. …
s) U, S I … Th III …
t) U, Th III, S I …
u) S I … Th III …

Sechste Stunde

a) U A III R IV

b) A III R IV

c) R IV A III f.

d) R IV A III, S I f.

e) A III f.

f) U f. ; R IV

g) Th III f.

h) R II

i) A III R IV

j) Th III, S I, R II R IV

k) R II R IV

l) U, S I

m) R IV

n) R IV

o) R IV

p) U, Th III, A III S I R IV

q) U, A III, S I R IV

r) R IV f.

s) R IV f.

t) U S I R IV

u) übr. Vs.

v) S I übr. Vs. f. ↔

w) U, A III Th III, S I, R IV R II

x) U Th III S I R IV

y) Th III det. R IV det.

z) U A III S I R II

aa) übr. Vs. f. ↔

bb) U f.

cc) S I

a) U Th III

b) SI

c) A III

d) A III f.

e) A III f.

f) U Th III SI R II

g) U det.

h) übr. Vs. f. ↔

i) U

j) SI

k) übr. Vs.

l) A III

m) übr. Vs. f. ↔

n) Th III f. ; A III SI U, R II

o) U, Th III, SI A III

p) Th III, A III etc. SI

q) übr. Vs.

r) A III det.

s) U A III

t) SI

u) U

v) A III, SI folgt

w) übr. Vs.

x) U etc. Th III A III etc. SI etc.

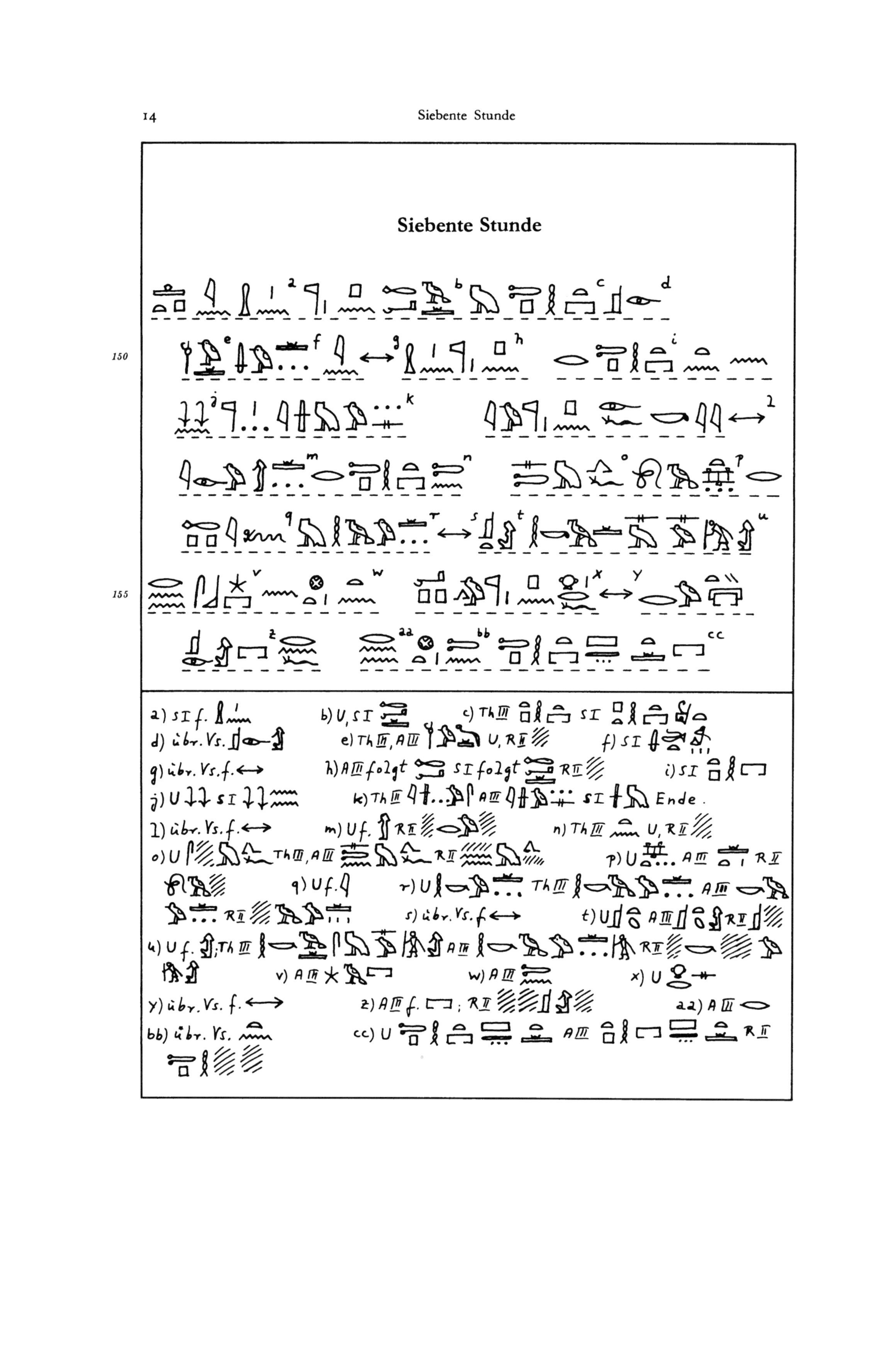

Siebente Stunde

a) U A III det. b) U det. c) übr. Vs. f.
d) übr. Vs. folgt e) U Th III f) U
g) U A III det. h) U, Th III i) U
j) A III f. k) U l) Th III U, R II
m) Th III n) A III o) U, A III Th III
p) U Th III A III
q) U f. r) U f. s) U f.
t) U Th III u) U v) A III f. ; Th III folgt ; U
w) A III x) übr. Vs. y) A III z) U A III
aa) Th III det. bb) U det. cc) A III
dd) U Th III ee) A III ff) A III

a) U
b) A III
c) U … A III … etc.
d) Th III
e) U, Th III, A III f.
f) A III
g) U f. …; A III, R II
h) U f.
i) U f.
j) U … Th III, A III … R II
k) U
l) U
m) A III
n) A III … R II
o) U … A III, R II
p) A III
q) A III
r) U
s) Th III, A III
t) U
u) U … A III
v) U

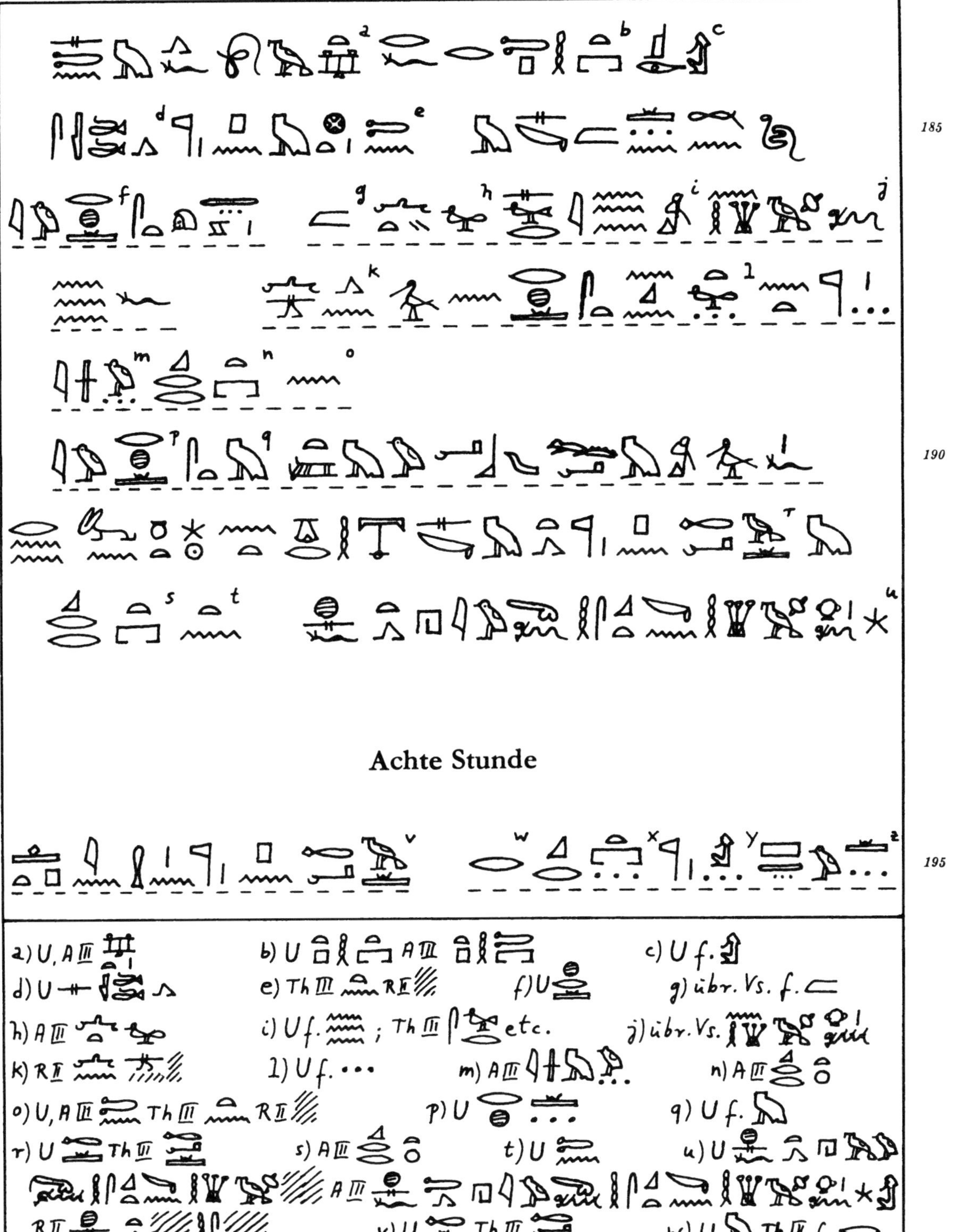
Achte Stunde

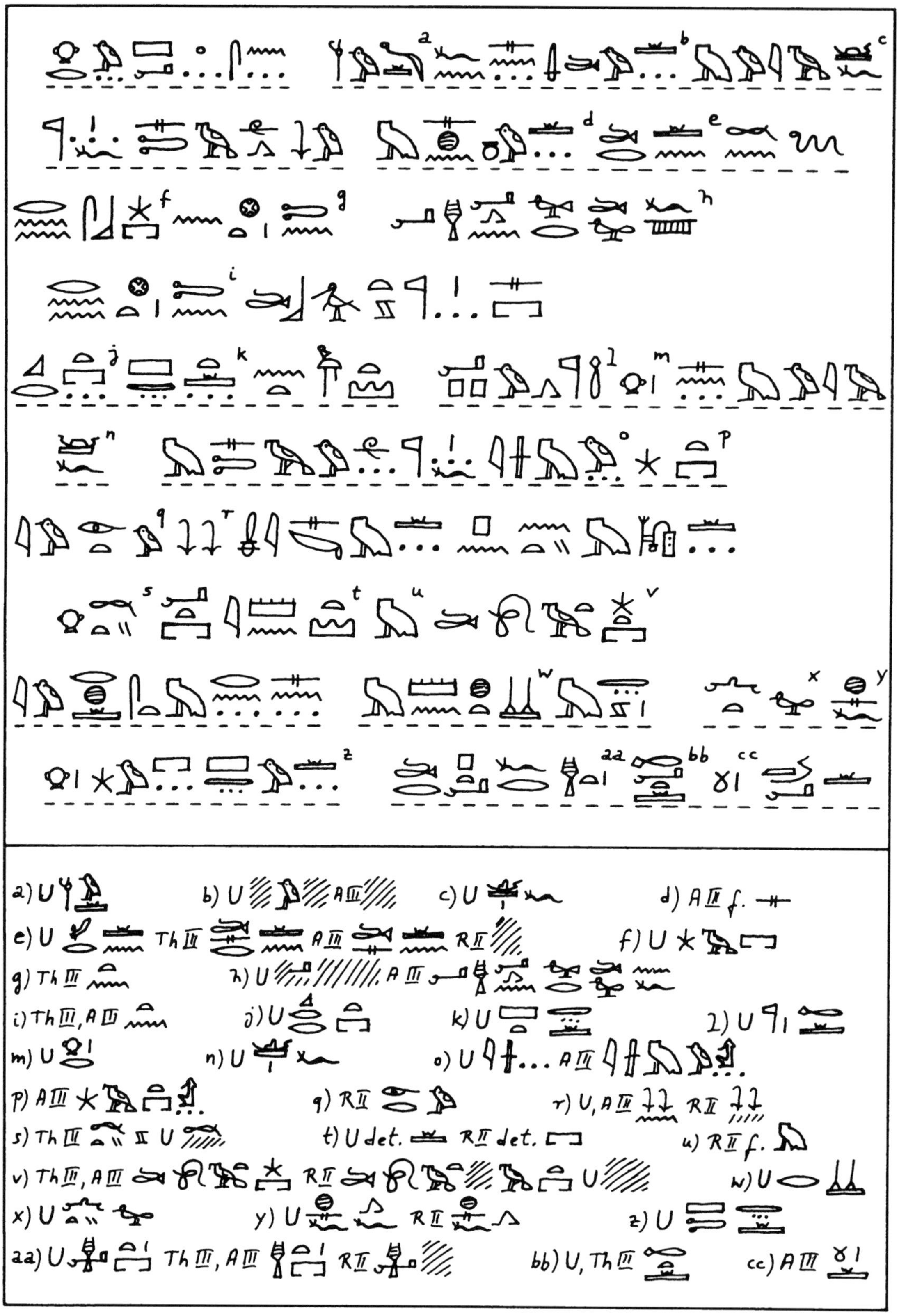

Neunte Stunde

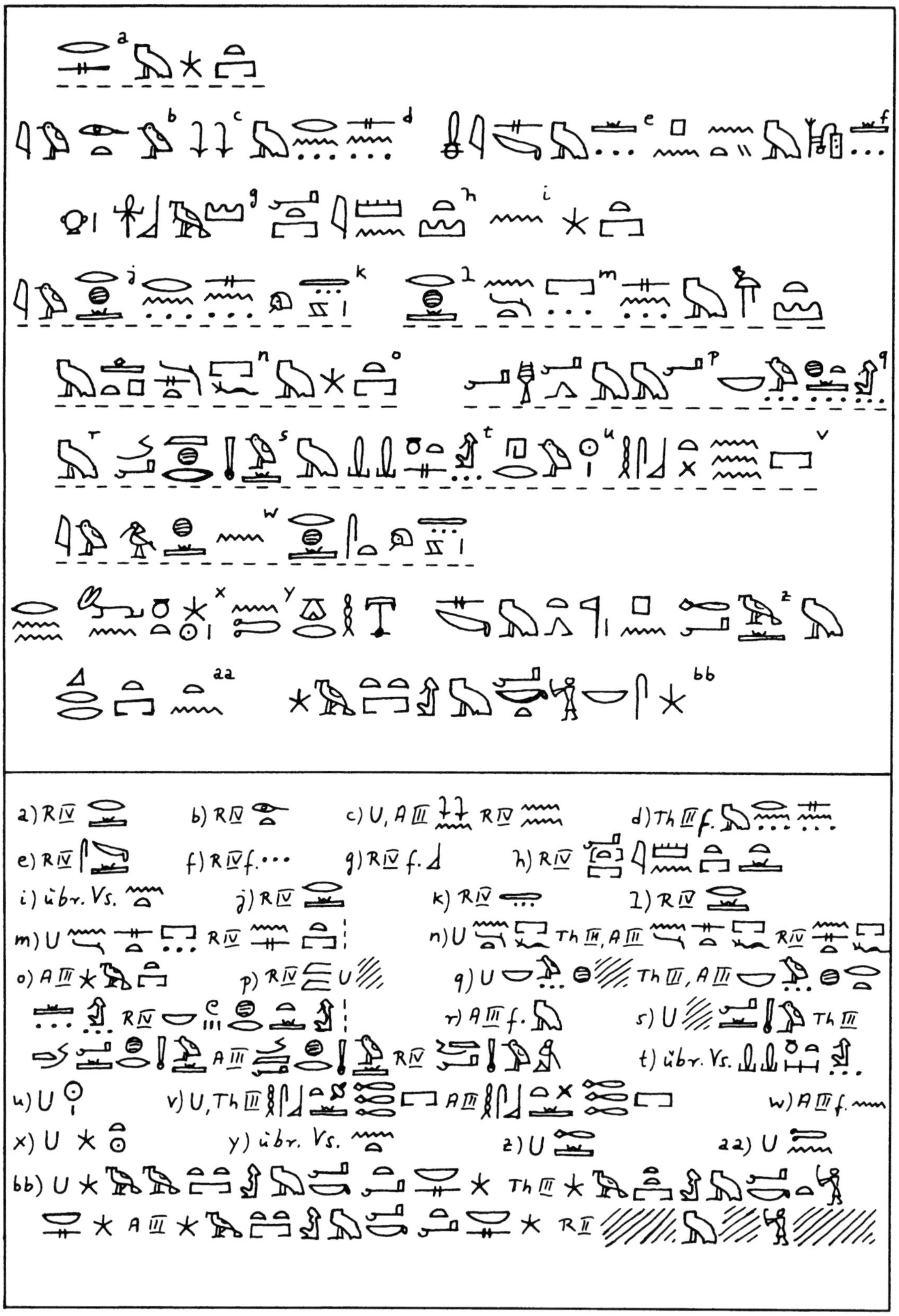
a) R IV
b) R IV
c) U, A III R IV
d) Th III f.
e) R IV
f) R IV f.
g) R IV f.
h) R IV
i) übr. Vs.
j) R IV
k) R IV
l) R IV
m) U R IV
n) U Th III, A III R IV
o) A III
p) R IV U
q) U Th III, A III R IV
r) A III f.
s) U Th III A III R IV
t) übr. Vs.
u) U
v) U, Th III A III
w) A III f.
x) U
y) übr. Vs.
z) U
aa) U
bb) U Th III A III R II

Zehnte Stunde

a) A III

b) U

c) U A III, R II

d) U A III, R II

e) A III R II Th III f.

f) R II

g) U

h) übr. Vs.

i) Th III f. U, R II

j) U

k) U Th III etc. A III R II

l) Th III R II

m) U Th III A III R II

n) U Th III R II

o) A III

p) Th III A III R II

q) U A III R II

r) A III R II

s) U [.?.]. R II

t) A III f.

u) U A III f.

v) U A III R II

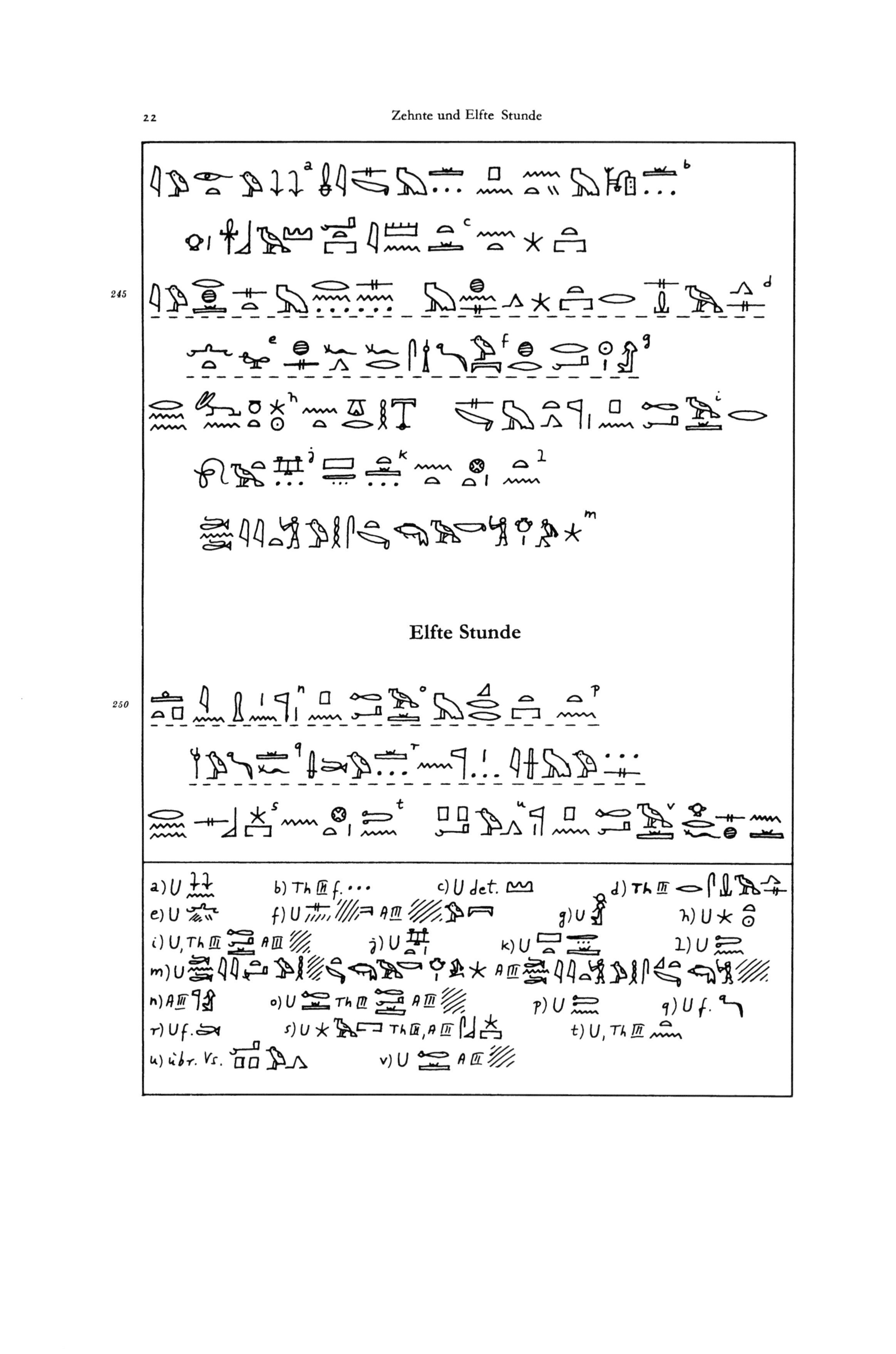

Elfte Stunde

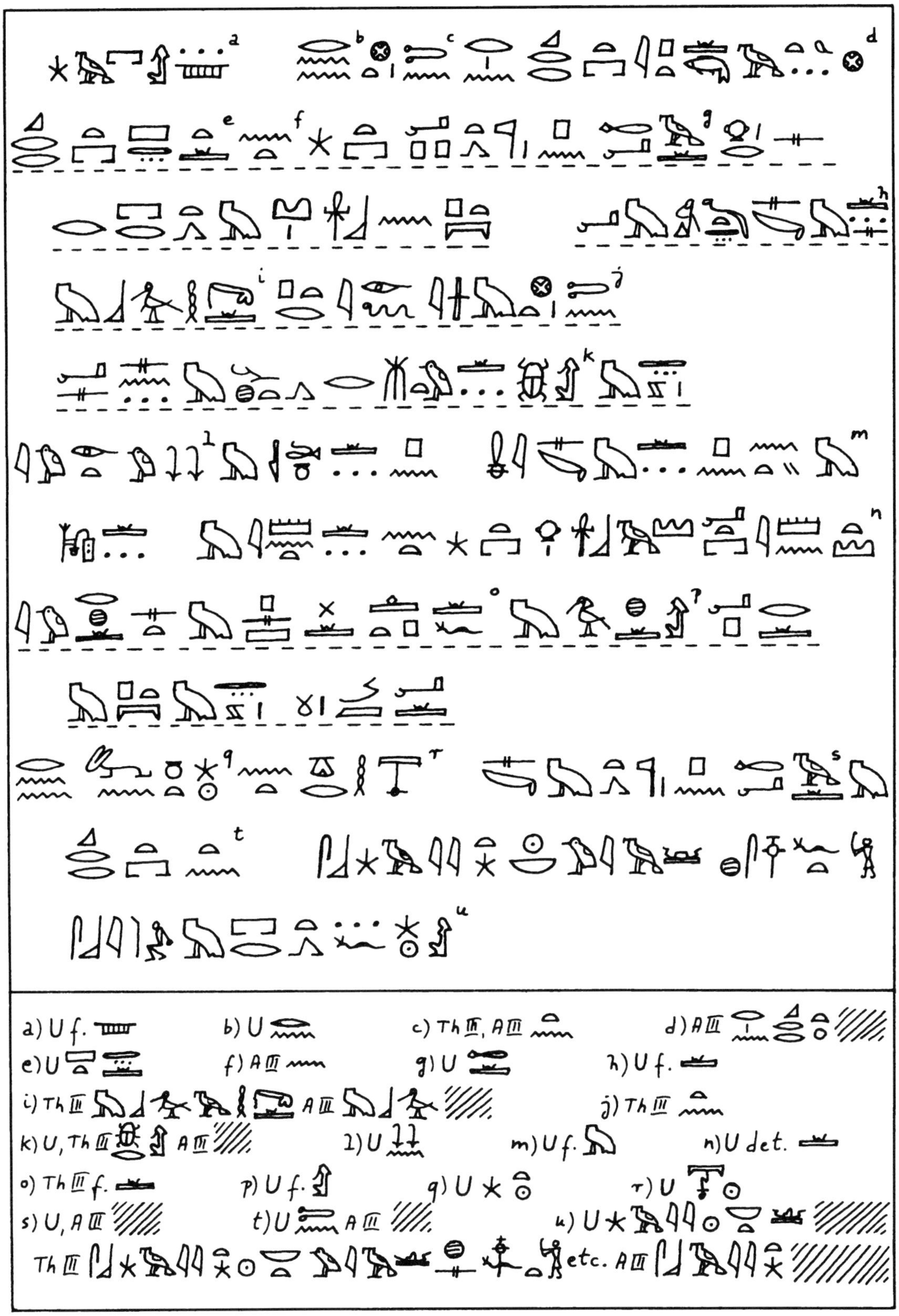

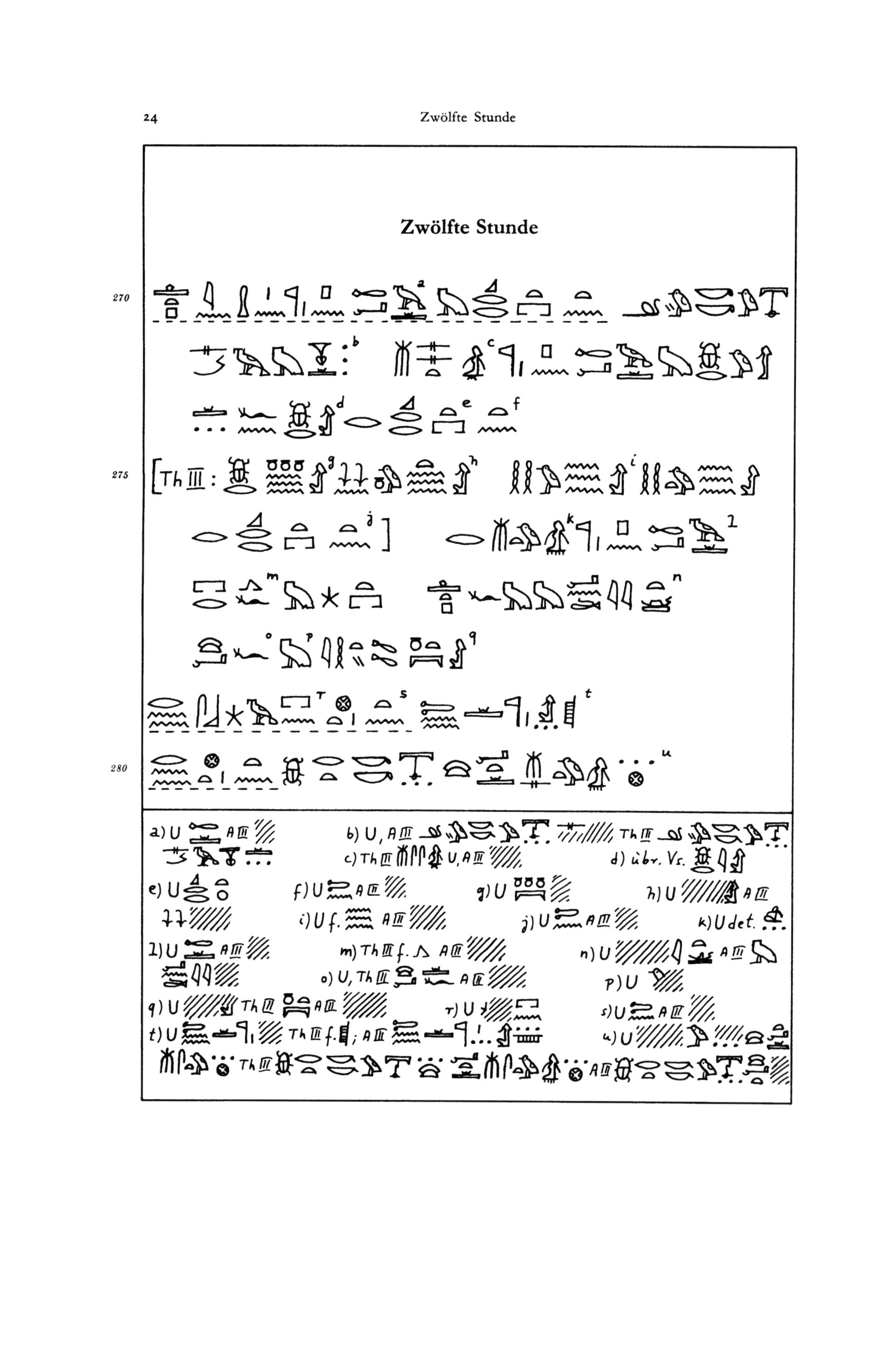

Zwölfte Stunde

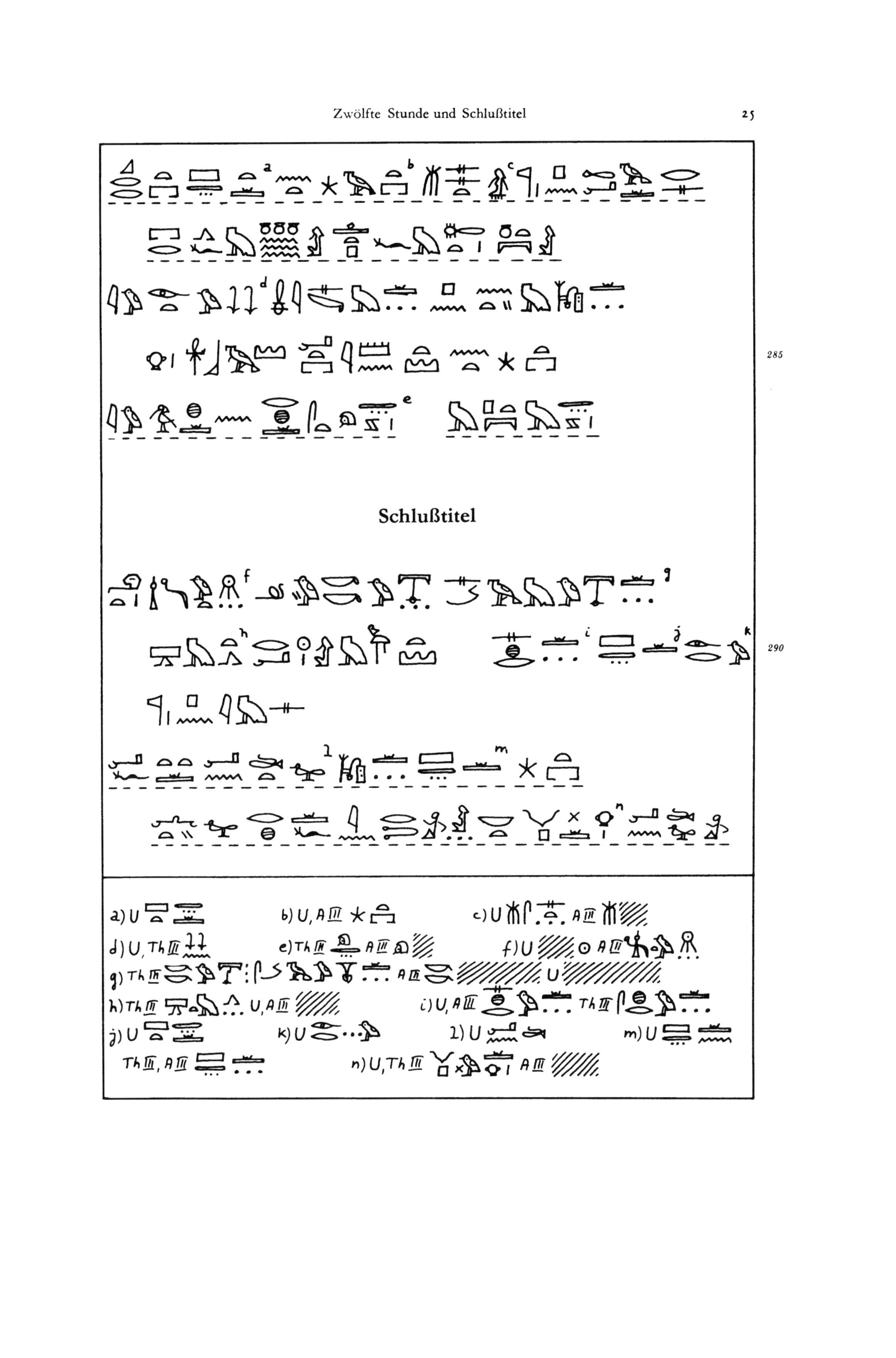

Schlußtitel

a) U

b) U … A III

c) Th III … U, A III

d) U … Th III … A III

e) U

f) U f.

g) U f.

h) U

i) U, Th III det. … A III

j) Th III, A III

k) U, A III f.

l) Th III folgt:

ÜBERSETZUNG

Titel

Abriß dieses Buches
„Der Anfang ist das Horn des Westens,
das Ende ist die Urfinsternis“.

Erste Stunde

Dieser Gott tritt ein in die Erde
im Torweg des Westhorizontes.
120 Meilen sind in diesem Torweg zu fahren,
bevor er die Unterweltlichen Götter erreicht.
„Wasserfläche des Re“ ist der Name des ersten Gefildes der Dat.
Er verteilt bei ihm Äcker an die Götter seines Gefolges;
er beginnt, Weisungen zu erteilen und für die Unterweltlichen zu sorgen bei diesem Gefilde.

Gemacht sind diese entsprechend dieser Vorlage
im Verborgenen der Dat.
Wer diese Bilder kennt, ist ein Ebenbild des Großen Gottes selbst.
Nützlich ist es für ihn auf Erden, als wahr erprobt;
nützlich ist es für ihn in der Dat, ungemein.
„Welche die Stirnen der Feinde Res zerschmettert“ ist der Name der ersten Nachtstunde,
die diesen Gott geleitet in diesem Torweg.

Zweite Stunde

Verweilen dieses Großen Gottes danach im Wernes.
309 Meilen beträgt die Länge dieses Gefildes,
120 Meilen die Breite.
„Unterweltliche Seelen“ ist der Name der Gottheiten, die in diesem Gefilde sind.
Wer ihre Namen kennt, der wird bei ihnen sein,
zuweisen wird ihm dieser Große Gott Äcker
an ihrem Ort vom Gefilde Wernes.

Stehenbleiben wird er bei dem Stehenbleibenden,
dahinziehen wird er hinter diesem Großen Gott.

Betreten wird er die Erde, öffnen wird er die Dat;
abtrennen wird er die Locke von den „Gelockten“.
Vorbeigehen wird er am „Eselverschlinger“ hinter der Maat des Ackeranteils.
Immer ißt er Brot an der Erdbarke,
gegeben wird ihm das Vordertau des Tatubi.

Gemalt sind diese Unterweltlichen Seelen dergestalt
im Verborgenen der Dat —
der Anfang der Schrift zum Westen!
Es wird ihnen geopfert auf Erden in ihren Namen;
es ist nützlich für einen Mann auf Erden,
als wahr erprobt Millionen Mal.

Wer diese Worte kennt, welche die Unterweltlichen Götter zu diesem Gott sprechen,
und die Worte, die zu ihnen spricht dieser Gott,
ist einer, der sich den Unterweltlichen nähert.
Es ist nützlich für ihn auf Erden,
als wahr erprobt, (Millionen Mal).

Der Name der Nachtstunde,
die diesen Gott geleitet in diesem Gefilde,
ist „Die Kluge, die ihren Herrn schützt“.

Dritte Stunde

Verweilen der Majestät dieses großen Gottes danach im Gefilde der Uferbewohner,
Fahren durch diesen Gott auf der Wasserfläche des Osiris.
309 Meilen beträgt die Länge dieses Gefildes, die Breite 120.
Dieser Große Gott erteilt Weisungen
denen, die im Gefolge des Osiris sind, bei dieser Stätte;
er teilt ihnen Äcker zu bei diesem Gefilde.

„Geheime Seelen“ ist der Name der Gottheiten, die in diesem Gefilde sind.
Wer ihre Namen kennt auf Erden,
nähert sich immer dem Ort, wo Osiris ist;
gegeben wird ihm Wasser bei jenem seinem Gefilde.
„Wasserfläche des Alleinherrn, welche Opferspeisen hervorbringt“
ist der Name dieses Gefildes.

Gemacht sind diese geheimen Bilder der Geheimen Seelen dergestalt,
wie es gemalt ist im Verborgenen der Dat —
der Anfang der Schrift zum Westen!

Es ist nützlich für einen Mann auf Erden
und in der Nekropole, als wahr erprobt.

Wer sie kennt, der geht vorbei an ihnen,
nicht kann er zugrunde gehen durch ihr Gebrüll,
nicht kann er stürzen in ihre Gruben.
Wer es kennt, der gehört zu den Plätzen,
seinen Opferkuchen am Gesicht, zusammen mit Re.

Wer es kennt, ist eine verklärte Seele,
und ist seiner Füße mächtig,
ohne daß er eintritt in die Vernichtungsstätte.
Immer wieder geht er heraus als Gestalt,
als einer, der Luft atmet, zu seiner Stunde.

Der Name der Stunde, welche diesen Gott geleitet
in diesem Gefilde, ist „Seelenzerschneidende“.

Vierte Stunde

Verweilen danach im Ziehen durch die Majestät dieses Gottes
in der geheimen Höhle des Westens;
Sorgen für die, die in ihr sind, durch seine Stimme, ohne daß er sie sieht.
Der Name dieser Höhle ist „Mit lebenden Erscheinungsformen“.
Der Name des Tores dieser Höhle ist „Welches das Ziehen verbirgt“.

Wer dieses Bild der geheimnisvollen Wege von Rosetau kennt,
die unnahbaren Straßen der Imhet
und die verborgenen Tore im Lande Sokars, der auf seinem Sand ist,
der ißt Brot zur Seite der Lebenden im Tempel des Atum.

Wer es kennt, ist einer mit gebahnten Wegen,
der die Straßen von Rosetau begeht
und das Bild sieht in der Imhet.
Der Name der Nachtstunde, welche diesen Großen Gott geleitet,
ist „Die groß ist in ihrer Macht“.

Fünfte Stunde

Gezogen wird dieser Große Gott auf den gebahnten Wegen der Dat
in der oberen Hälfte der geheimen Höhle des Sokar, der auf seinem Sand ist.
Unsichtbar und nicht wahrnehmbar ist dieses geheime Bild
des Landes, das unter dem Fleisch dieses Gottes ist.
Die Gottheiten, unter denen dieser Gott ist, hören die Stimme Res,
wenn er der Umgebung dieses Gottes zuruft.

Der Name des Tores dieser Stätte ist „Haltepunkt der Götter“;
Der Name der Höhle dieses Gottes ist „Westen“.

Die geheimnisvollen Wege des Westens,
die Tore des Verborgenen Raumes,
der unnahbare Ort des Sokarlandes,
Fleisch, Leib und Körper in der ersten Erscheinungsform.

Der Name der Götter, die in dieser Höhle sind,
ist „Seelen, die in der Dat sind".
Ihre Gestalten sind das, was in ihrer Stunde ist, (nämlich) ihre geheimnisvollen Formen.
Unbekannt und unsichtbar,
nicht wahrnehmbar ist dieses Bild von Horus selbst.

Gemacht sind diese entsprechend dieser Vorlage, welche gemalt ist
im Verborgenen der Dat, im Süden des Verborgenen Raumes.
Wer es kennt, dessen Seele ist zufrieden,
zufrieden ist er mit den Opfern Sokars.
Nicht kann die Chemit seinen Leichnam zerschneiden,
er geht vorbei an ihr in Frieden.

Geopfert wird diesen Göttern auf Erden.
Der Name der Nachtstunde,
die diesen Großen Gott geleitet in dieser Höhle,
ist „Die geleitet inmitten ihrer Barke".

Sechste Stunde

Verweilen der Majestät dieses Großen Gottes
in der Wassertiefe „Herrin der Unterweltlichen".
Er erteilt Weisungen den Gottheiten, die in ihr sind,
er befiehlt, daß sie sich ihrer Gottesopfer bemächtigen bei dieser Stätte.

Er befährt die Straße, ausgestattet mit seiner Barke,
er weist ihnen ihre Äcker zu als ihre Opfer,
er gibt ihnen Wasser von ihrer Wasserfläche
beim Durchziehen der Dat, Tag für Tag.
Der Name des Tores dieser Stätte ist „Mit scharfen Messern".

Der geheimnisvolle Weg des Westens,
dessen Wasser dieser Große Gott befährt
in seiner Barke, um für die Unterweltlichen zu sorgen.
Summiert in ihren Namen,
bekannt in ihrem Wesen,
graviert in ihren Gestalten
sind ihre Stunden, geheimen Wesens.
Nicht wird dies geheimnisvolle Bild der Dat von irgendeinem Menschen gekannt!

Gemalt ist dieses Bild dergestalt
im Verborgenen der Dat, im Süden des Verborgenen Raumes.
Wer es kennt, der gehört zu den Opferspeisen in der Dat,
zufrieden ist er mit den Opfern der Götter, die im Gefolge des Osiris sind,
gespendet wird ihm und seinen Angehörigen in der Erde.

Weisungen erteilen durch diesen Gott,
Gottesopfer zu geben den Unterweltlichen Göttern.
Wenn er zu ihnen tritt, sehen sie ihn
und nehmen ihre Felder in Besitz.
Ihre Opferspeisen, sie entstehen
durch das, was ihnen dieser Große Gott befiehlt.

„Wassertiefe, Herrin der Unterweltlichen" ist der Name dieses Gefildes.
Es ist der Weg der Sonnenbarke.
Der Name der Nachtstunde,
die diesen Gott geleitet in diesem Gefilde,
ist „Ankunft, die den rechten (Weg) gibt".

Siebente Stunde

Verweilen der Majestät dieses Großen Gottes in der Höhle des Osiris.
Weisungen erteilen durch die Majestät dieses Gottes
bei dieser Höhle an diese Gottheiten, die in ihr sind.
Dieser Gott, er nimmt eine andere Gestalt an bei dieser Höhle,
er lenkt den Weg ab von Apophis
durch die Zaubersprüche der Isis und des Ältesten Zauberers.
Der Name des Tores dieser Stätte,
an welchem dieser Gott vorbeigeht, „Osiristor" ist sein Name.
Der Name dieser Stätte ist „Geheimnisvolle Höhle".

Der geheimnisvolle Weg des Westens,
auf welchem dieser Große Gott einherzieht in seiner heiligen Barke.
Er zieht vorbei an diesem Weg,
der ohne Wasser und ohne Möglichkeit des Ziehens ist;
er fährt dahin durch die Zauber der Isis und des Ältesten Zauberers
und durch die Zauberformeln, die im Munde dieses Gottes selbst sind.
Gemacht wird das Zerschneiden des Apophis in der Dat bei dieser Höhle,
sein Ort (aber) ist im Himmel.

Gemalt sind diese dergestalt
im Norden des Verborgenen Raumes in der Dat.

Es ist nützlich für einen, dem dies getan wird,
im Himmel und in der Erde.
Wer es kennt, ist eine von den Seelen bei Re.

Man vollzieht diese Zauber der Isis und des Ältesten Zauberers,
die sie ausführen als Abwehr des Apophis
von Re im Westen.
Man vollzieht sie im Verborgenen der Dat,
man vollzieht sie auf Erden ebenso.

Wer es kennt ist einer, der in der Sonnenbarke ist
im Himmel und in der Erde.
Wenig ist es, dies Bild zu kennen!
Wer nicht Bescheid weiß, kann Nehaher nicht abwehren.

Was diese Sandbank des Nehaher in der Dat betrifft —
450 Ellen ist sie in ihrer Länge,
er füllt sie mit seinen Windungen aus.
Man vollzieht sein Gemetzel gegen ihn, ohne daß dieser Gott an ihm vorbeigeht,
(wenn) er den Weg von ihm ablenkt zur Osirishöhle.
Dieser Gott fährt dahin in dieser Stätte
im Bilde der Ringelschlange.

Wer es kennt auf Erden,
dessen Wasser kann Nehaher nicht austrinken.
Nicht kann die Seele dessen, der es weiß, dahinschwinden
durch die Gewalttätigkeit der Gottheiten, die in dieser Höhle sind.
Wer es kennt, nicht verschlingt das Krokodil seine Seele.

Der Name der Nachtstunde,
die diesen Großen Gott geleitet in dieser Höhle,
ist „Die den Hiu abwehrt und den Nehaher köpft".

Achte Stunde

Verweilen der Majestät dieses Großen Gottes
bei den Höhlen der Geheimnisvollen Götter, die auf ihrem Sand sind.
Er erteilt ihnen Weisungen von seiner Barke aus,
seinen Göttern, die ihn ziehen
in der unnahbaren Umarmung der Ringelschlange.
Der Name des Tores dieser Stätte
ist „Das steht, ohne müde zu werden".
Der Name dieser Stätte ist „Sarkophag ihrer Götter".

Die geheimnisvollen Höhlen des Westens,
an denen der Große Gott vorüberzieht in seiner Barke
als der, den seine Götter ziehen, die in der Dat sind.

Gemacht sind diese wie diese Vorlage, welche gemalt ist
im Norden des Verborgenen Raumes in der Dat.
Wer sie kennt bei ihren Namen
ist einer, dem Kleider gehören in der Erde,
ohne daß er abgewehrt wird von den geheimnisvollen Toren.
Gespeist wird er am Großen Grab. Als wahr erprobt!

Der Name der Nachtstunde,
die diesen Großen Gott geleitet, ist „Herrin der tiefen Nacht“.

Neunte Stunde

Verweilen der Majestät dieses Großen Gottes in dieser Höhle;
er erteilt Weisungen aus seiner Barke an die Götter, die in ihr sind.
Es verweilt (auch) die Schiffsmannschaft dieses Großen Gottes bei dieser Stätte.

Der Name des Tores dieser Stätte, an welchem dieser Große Gott vorübergeht,
damit er (auf) der Wasserfläche in dieser Stätte verweile, ist „Das die Flut hütet“.
Der Name dieser Stätte ist „Mit hervorquellenden Gestalten“.

Die geheimnisvolle Höhle des Westens,
bei welcher der Große Gott und seine Mannschaft verweilen in der Dat.
Gemacht sind diese mit ihren Namen
wie diese Vorlage, die gemalt ist
im Osten des Verborgenen Raumes der Dat.

Wer ihre Namen kennt auf Erden
und ihre Thronsitze kennt im Westen,
der nimmt seinen Thronsitz ein in der Dat
und steht da unter den Herren des Bedarfs
als einer, der gerechtfertigt ist im Gerichtshof am Tage des Gerichtes.
Es ist nützlich für den, der es kennt, auf Erden.

Der Name der Nachtstunde,
die diesen Großen Gott geleitet in dieser Höhle,
ist „Anbetende, die ihren Herrn schützt“.

Zehnte Stunde

Verweilen der Majestät dieses Großen Gottes in dieser Höhle;
er erteilt Weisungen den Gottheiten, die in ihr sind.

Der Name des Tores dieser Stätte, an welchem dieser Große Gott vorübergeht,
ist „Groß an Erscheinungsformen, Gestalten gebärend“.
Der Name dieser Stätte ist „Mit tiefem Wasser und hohen Ufern“.

Die geheime Höhle des Westens,
bei welcher Chepri verweilt mit Re,
bei welcher Götter, Verklärte und Tote klagen
über das geheimnisvolle Bild der Igeret.

Gemacht sind diese wie diese Vorlage, die gemalt ist
im Osten des Verborgenen Raumes der Dat.
Wer sie kennt bei ihren Namen,
der durchzieht die Dat bis an ihr Ende,
ohne daß er vertrieben wird von den „Lichtern des Himmels“ bei Re.

Der Name der Nachtstunde, die diesen Großen Gott geleitet
zu den geheimnisvollen Wegen dieser Stätte,
ist „Wütende, welche den Hinterhältigen schlachtet“.

Elfte Stunde

Verweilen der Majestät dieses Großen Gottes in dieser Höhle;
er erteilt Weisungen den Gottheiten, die in ihr sind.
Der Name des Tores dieser Stätte,
an welchem dieser Große Gott vorübergeht, ist „Ruheplatz der Unterweltlichen“.
Der Name dieser Stätte ist „Rand der Höhle, welche die Leichname zählt“.

Die geheimnisvolle Höhle der Dat, an welcher dieser Große Gott vorübergeht,
um herauszukommen aus dem Ostberg des Himmels.
Die Zeit verschlingt ihre Bilder
vor dem „Schauenden“, der in dieser Stätte ist;
sie gibt sie danach (wieder)
zur Geburt Chepris in der Erde.

Gemacht sind diese dergestalt
wie diese Vorlage, die gemalt ist
im Verborgenen der Dat, im Osten des Verborgenen Raumes.
Wer es kennt, der teilt seine Opfer ein als wohlversorgter Verklärter
im Himmel und in der Erde. Als wahr erprobt!

Der Name der Nachtstunde,
die diesen Großen Gott geleitet in dieser Höhle,
ist „Sternige, Herrin der Barke,
die den Widersacher abwehrt bei seinem Hervorkommen“.

Zwölfte Stunde

Verweilen der Majestät dieses Großen Gottes
in dieser Höhle „Das Ende der Urfinsternis“.
Geboren wird dieser Große Gott in seiner Erscheinungsform
des Chepri bei dieser Höhle.

Es entstehen Nun und Naunet,
Huh und Hauhet bei dieser Höhle
zur Geburt dieses Großen Gottes, daß er herausgehe aus der Dat,
sich niederlasse in der Tagesbarke
und aufgehe aus den Schenkeln der Nut.

Der Name des Tores dieser Stätte ist „Welches die Götter erhöht“.
Der Name dieser Stätte ist „Mit entstehender Finsternis und erscheinenden Geburten“.

Die geheimnisvolle Höhle der Dat, bei welcher dieser Große Gott geboren wird,
daß er hervorgehe aus dem Nun
und sich niederlasse am Leib der Nut.

Gemacht sind diese wie diese Vorlage, die gemalt ist
im Osten des Verborgenen Raumes der Dat.
Es ist nützlich für den, der es kennt, auf Erden,
im Himmel und in der Erde.

Schlußtitel

Der Anfang ist das Licht,
das Ende ist die Urfinsternis.
Der Lauf des Sonnengottes im Westen,
die geheimnisvollen Absichten, die dieser Gott in ihm verwirklicht.

Der erlesene Leitfaden, die geheimnisvolle Schrift der Dat,
die nicht gekannt wird von irgendeinem Menschen, außer vom Erlesenen.
Gemacht ist dieses Bild dergestalt
im Verborgenen der Dat,
unsichtbar, nicht wahrnehmbar!

Wer diese geheimnisvollen Bilder kennt, ist ein wohlversorgter Verklärter.
Immer geht er aus und ein in der Dat,
immer spricht er zu den Lebenden.
Als wahr erprobt, Millionen Mal!

BEMERKUNGEN ZUM TEXT UND ZUR ÜBERSETZUNG

Titel. Bei U, Th III, A II und S I unzerstört erhalten, bei R II nur die Zeilenanfänge, bei A III nur geringe Spuren. A II und R II setzen wie die Papyri Vers 1 als waagerechte, rückläufig geschriebene Zeile über den in senkrechten Zeilen geschriebenen Text (Taf. 1b), während U, Th III und A III Vers 1 und Vers 2 + 3 jeweils als eigene senkrechte Zeile (bei Th III entsprechend waagerecht) an die Spitze des Textes stellen (s. Hornung, Grabkammer des Vezirs User Taf. IVb); bei S I ist Vers 1 ausgefallen, war also in der Vorlage zweifellos auch waagerecht geschrieben.

Die vorgenommene Einteilung in drei Verse ist nur dann möglich, wenn die Verse 2 und 3 jeweils Nominalsätze sind, nicht direkte Genitivverbindungen (dann ergäbe sich nur *ein* Vers mit drei Hebungen). Die Tatsache, daß alle Versionen die beiden Verse in eine einzige Zeile schreiben, gestattet keine Entscheidung, da in allen Versionen oft mehr als ein Vers in einer Zeile steht. Wichtig ist, daß Titel + 1. Stunde wie Schlußtitel + 12. Stunde metrisch offenbar als Einheit empfunden und daher nicht durch einen Doppelstrich geteilt wurden. Dann ergibt sich, wenn wir drei Verse annehmen, der klarere Strophenaufbau von 3 + 4 + 3 + 2 + 3 + 2 Versen für Titel und 1. Stunde.

Übersetzung und Inhalt des Titels hat bereits S. Schott, Die Schrift der verborgenen Kammer S. 341f. behandelt. Da *sḥw(j)* die ganze Kurzfassung meint, hängt die Übersetzung dieses Wortes von der Gesamtdeutung des „Abrégé“ ab, vgl. dazu unten S. 55. Die etwas umständliche Übersetzung „zusammenfassendes Verzeichnis“ würde für alle Belegstellen des Wb, von Schott a.a.O. um zwei weitere vermehrt, gut passen; in jedem Falle ist Wb IV 212,9 als eigener Abschnitt (II.) zu streichen und unter III. einzuordnen. „Dieses Buch“ ist das Amduat (zur Bezeichnung s. Teil I S. X), und es fällt auf, daß als Apposition in Vers 2 und 3 nicht dessen Überschrift „Die Schrift des Verborgenen Raumes“, sondern die Anfangsworte „Der Anfang ist das Horn des Westens“ usw. zitiert werden; gegenüber der Langfassung ist dabei *sbꜣ n ꜣḫt jmnt* ausgelassen.

Erste Stunde

Allgemein. Bei R II sind jeweils nur die Zeilenanfänge sichtbar, während bei A III gerade sie zerstört bzw. unleserlich sind. A II, S I und — bis auf einige kleine Zerstörungen — auch U und Th III sind vollständig erhalten. Der metrische Aufbau von 7 (4 + 3) + 7 (5 + 2) Versen tritt klar hervor und wird in mehreren Versionen durch eine entsprechende Verteilung des Textes unterstrichen: U, A II und A III lassen hinter den Versen 7, 10, 15 und 17 freien Raum und folgen damit sicher ihrer Papyrusvorlage, vgl. die entsprechende Anordnung im Pap. Berlin 3001 (Tafel 5). Th III und S I, die den Text stärker zusammendrängen, haben nur nach Vers 15 freien Raum, heben also nur den Vermerk über die Nachtstunde von den übrigen Vermerken ab; Ramses II. beginnt mit den Versen 11 und 16 neue Zeilen. Zusätzlich gliedern die gemalten Versionen der 18. Dynastie auch durch Rubra: die Verse 4 bis 7 und 11 bis 15 sind rot, die übrigen schwarz geschrieben. Für die entsprechenden Abschnitte der Langfassung vgl. hier und im folgenden die Konkordanz S. 54.

Vers 4/5. *m tꜣ* fehlt in der Langfassung (Stundentitel der 1. Stunde), die dafür nach *ꜣḫt* noch „Seth steht am Ufer“ einfügt. Wahrscheinlich müssen wir in der LF eine Metathesis annehmen und auch dort „Torweg des Westhorizontes“ lesen. *tꜣ* „Erde“ meint nach der Präposition *m* in den Unterweltsbüchern stets das unterweltliche Totenreich. Das Det. nach *jmnt* (so U) tritt in den späten Papyri wieder auf.

Vers 6. Dieser Satz findet sich in der LF zweimal: im Stundentitel der 1. Stunde nur in abgekürzter Schreibung (Teil I 2,8; 3,2 entsprechend in der „Lücke“ zu ergänzen) und im Schlußtext der 1. Stunde (22,5) ohne *pw* und mit *ḥr šmt r* statt *ḥr sqdwt m.*

Vers 7. Das *n sprt.f* in den anderen erhaltenen Versionen und in der LF deutlich, sogar noch in den späten Papyri. Die LF weicht im Wortlaut etwas ab (*wjꜣ* statt des Suffixes, *dꜣtjw* statt *r nṯrw dꜣtjw*), hat aber die gleiche Zahl von Hebungen (zwei) in diesem Vers.

Vers 8—10 entspricht einem Teil der Überschrift über dem Mittelregister in der LF (9,5ff.), jedoch mit einigen Abweichungen: Vers 8 und 9 sind dort umgestellt und Vers 8 um eine Hebung verkürzt; dagegen hat die KF mit dem Vermerk über den Feldhüter einen ganzen Vers ausgelassen und im letzten Satz das Subjekt *nṯr pn* der LF durch ein Suffixpronomen ersetzt, wodurch sich nur *ein* Vers mit drei Hebungen ergibt. Zur oft geschilderten Landverteilung im Jenseits vgl. Teil II S. 61.

Vers 10. Bei Th III mitten in der Zeile eine Dittographie, wobei der Wechsel von *s* und *z* bezeichnend ist. Das Nebeneinander von *wḏ mdw* und *jrj sḫrw* für die Tätigkeit des Sonnengottes in der Unterwelt findet sich auch Hb 74,2 und EAT I pl. 48 (Nutbuch), während an anderen Stellen der Unterweltsbücher (Pfb I 31f.; Hb 43,3; Livre du jour 25) das Paar *jrj sḫrw* / *wḏꜥ mdw* verwendet wird, vgl. dazu Assmann, Liturg. Lieder I Anh. 12. Std. n. 25.

Verse 11ff. stehen in der LF am Ende des Schlußtextes (22,2—3 und 6—7), doch ist dort Vers 15 bis auf *wrt* ausgelassen und Vers 13 bei Th III und A II durch eine „Lücke“ verstümmelt; die Verse 11, 12 und 14 stimmen wörtlich mit der LF überein.

Vers 13. R II hat eine Variante „Wer [diese] Namen kennt“, der Rest des Verses ist bei ihm zerstört. Bei A III steht von *mjtj* an der Rest der KF auf der Eingangswand. Außer A II schreiben alle erhaltenen Versionen und die LF *nṯr-ꜥꜣ* ohne *pn*, gemeint ist natürlich der Sonnengott, in dessen Rolle der Wissende eintritt.

Vers 14/15. Bei R II folgt nach *tp tꜣ* ein , so daß wir den zerstörten Rest der kurzen Zeile wohl nur als *dꜣt wrt* ergänzen dürfen. Der freie Raum in einigen Versionen (Teil I 22p) zeigt, daß man auch in der LF vor *wrt* den Rest von Vers 15 ergänzen muß.

Vers 16/17 sind in der LF auf drei Verse erweitert (22,6—7), was hier schlecht in den metrischen Aufbau gepaßt hätte. Ein Vergleich mit Pap. Berlin 3001 Z. 9/10 zeigt, daß die „Lücke“ zwischen *nṯr* und *pn* bei A II einem Zeilenende in der Papyrusvorlage entspricht, wie es noch mehrfach der Fall sein wird. Sicher wurden die Zeilen, wie wir es im Pap. Berlin 3001 sehen, in der Regel nicht bis zum unteren Rand ausgefüllt.

Zweite Stunde

Allgemein. A II und A III sind vollständig, U und Th III bis auf kleine Zerstörungen (bei letzterem jeweils an den Zeilenanfängen) erhalten. S I ist anfangs nur geringfügig, in Vers 32—35 aber überwiegend zerstört. Bei R II sind die Zeilen fast durchweg bis auf die ersten Zeichen zerstört. Der metrische Aufbau läßt sich wieder an der Verteilung des Textes in den Gräbern U, A II, A III und im Pap. Berlin 3001 ablesen. Die mit einer Ausnahme völlig gleiche Verteilung der Zeilen im Grab A III und im Pap. Berlin 3001 zeigt die einheitliche Überlieferung bzw. Anordnung der Papyrusvorlage über Jahrhunderte hinweg. Der Stundentext besteht aus zweimal 14 Versen nach dem Schema 7 (4 + 3) + 7 + 6 (3 + 3) + 5 + 3. Zwischen diesen „Strophen", also nach den Versen 21, 24, 31, 34, 37, 42 und 45, lassen U und Pap. Berlin 3001 (s. Jéquier S. 49) freien Raum, A II und A III ebenso außer Vers 24; A III, S I und Pap. Berlin 3001 haben außerdem noch nach Vers 20 freien Raum (bei U Zeilenende). Die Rubra überwiegen, nur sechs Verse sind schwarz geschrieben.

Vers 18. Entspricht inhaltlich dem Anfang der 2. Stunde in der LF (23,4), aber durch das eingeschobene Adverb *m-ḫt* ergibt sich nach Fecht A 1 ein Vierheber, den man wegen des kurzen *ḥtp m-ḫt* kaum in zwei Zweiheber zerlegen kann.

Vers 19. Die Zahl ist bei R II vollständig, bei U zum Teil zerstört, bei S I abweichend 480. Die LF hat durchweg 309 Meilen. Nach R. Moftah, CdE 39, 1964, 58 wäre die Zahl 309 auch als Aussage *ḫmt šnt psḏ* „ohne zu leuchten und zu strahlen" zu lesen, doch wird erst in der 4. Stunde betont, daß die Wesen den Sonnengott (nur ?) akustisch wahrnehmen, vgl. Teil II 86.

Vers 20. R. Moftah a.a.O. liest 120 in der Maßangabe für die Länge des Zwischenreiches als „der Leuchtende fährt", was hier im Widerspruch zu seiner Deutung von 309 stünde. Ich würde daher „Bannung des Bösen" (*šnjt ḏwt*) als „Lesung" vorziehen, falls wir in dieser Zeit überhaupt noch *šnt* statt *št* für 𓍢 lesen dürfen. Für die oft eigenartigen Zahlen in den Unterweltsbüchern ist es m. E. durchaus sinnvoll, mit Moftah nach einer solchen symbolischen „Lesung" neben ihrem Zahlwert zu fragen, wobei sich Mehrdeutigkeiten kaum vermeiden lassen.

Vers 21 ist gegenüber der LF hier eingeschoben, dort sind die *bꜣw dꜣtjw* als Wesen der 2. Stunde Teil I 24,8 genannt. Bei *rn-ỉn-nṯrw* ist es fraglich, ob man analog *ḥm-n-*, *kꜣ-n-* und anderen Beispielen mit einsilbigem Nomen regens bei Fecht E 3 Univerbierung annehmen oder mit zwei Kola rechnen muß; bei zwei Kola erhalten wir einen Vierheber wie in Vers 18, doch wird eine Entscheidung nur auf breiter Materialbasis möglich sein. Nach freundlicher Mitteilung von G. Fecht ist auch für ihn die Frage noch offen.

Vers 22—31 stimmen wörtlich mit Teil I 24,2—7 überein. *ḫr.sn* ist in den zerstörten Stellen bei U und R II wohl mit Sicherheit zu ergänzen und demnach nur bei A II ausgefallen, auch die späten Papyri haben den richtigen Wortlaut.

Vers 25. Alle erhaltenen Versionen (nur R II ist zerstört) determinieren *ꜥḥꜥw* mit 𓀁 und meinen zweifellos den Sonnengott, der in den einzelnen Stunden anhält, um seine Weisungen zu erteilen. Zur abweichenden Auffassung der LF, die *ꜥḥꜥw bꜣ* schreibt, vgl. Teil II 44 (13), wo man vielleicht auch „bei dem, dessen Seele anhält" übersetzen könnte. Die Spätzeit-Papyri (Jéquier S. 52 mit Anm. 21/22) lassen die Stelle aus oder schreiben *ꜥḥꜥw* als Plural und haben den ursprünglichen Sinn wohl nicht mehr verstanden.

VERS 26. S I hat die gleiche Schreibung von *ʿpp* wie A II.

VERS 27. Erst die späten Papyri konstruieren hier *ʿq* mit der Präposition *m*, im Neuen Reich hat auch die LF durchweg direktes Objekt. Belege für den Ausdruck *wbꜣ dꜣt* seit CT II 288/89d hat Assmann, Liturg. Lieder I 3 Anm. 5 zusammengestellt. Th III verwendet in *wbꜣ* für [Hieroglyphe] die hieratische Form, nicht die bei ihm übliche Kursivhieroglyphe.

VERS 29. Dittographie von *ʿmw* bei U.

VERS 30. *jw.f wnm.f* als immer wieder vollzogene Handlung. Nach den erhaltenen Spuren schreibt U *wjꜣ* an dieser Stelle aus. S I wechselt mit *wnm.f* auf die Rückwand hinüber.

VERS 31. Der Gott *Tꜣtwbj* hier deutlicher ausgeschrieben und determiniert als in der LF, vgl. im übrigen Teil II 45 (19).

VERS 32 zeigt einige Abweichungen gegenüber der LF (Teil I 24, 8). Mit *dꜣtjw* beginnt bei S I eine längere Zerstörung, und die letzten Zeichen von Vers 33 sind nur bei A II und A III erhalten.

VERS 34 ist in fast allen Versionen der LF verstümmelt, vgl. Teil I 24, 9 mit Anm. ii.

VERS 35 findet sich als häufige Formel im Pfb; dort werden die Namen der jeweiligen Wesen eingesetzt, und man betont auch dort, daß die Opfer „auf Erden", also im Diesseits, vollzogen werden.

VERS 37. Der Zusatz *ḥḥ n ẕp* erhält bei A III und im Pap. Berlin 3001 eine eigene Zeile, doch scheint es mir fraglich, ob die beiden Handschriften ihn damit als selbständigen Vers kennzeichnen wollen.

VERS 38—40 sind gegenüber der LF (Teil I 43, 7) wesentlich erweitert. R II fährt nach *nṯrw dꜣtjw* gleich mit Vers 41 fort.

VERS 39. Der Dativ nur bei U und A III ausgeschrieben. Die „Lücke" bei A II entspricht wieder einem Zeilenwechsel bei A III und Pap. Berlin 3001.

VERS 42. Der Zusatz *ḥḥ n ẕp* nur bei U, die anderen Versionen haben hier einen Vers weniger. Doch ist gerade U die älteste und zuverlässigste Version, und eine Gesamtzahl von 14 + 14 = 28 Versen scheint mir für die 2. Stunde wahrscheinlicher als 14 + 13 = 27. Den Rest der Zeile füllt U mit einem Zusatz, den ich ZÄS 92, 1965, 75 f. besprochen habe (ein Lichtbild ibid. Taf. V).

VERS 43—45 sind wieder gegenüber der LF erweitert, sowohl gegenüber Teil I 43, 8 als auch gegenüber 23, 7. Die „Lücke" im Stundennamen bei A II wegen Zeilenwechsel der Vorlage, wie ihn A III und Pap. Berlin 3001 haben.

Dritte Stunde

ALLGEMEIN. Nur A II und S Isind unzerstört. Bei Th III sind bis Vers 61 weiterhin die Zeilenanfänge zerstört, A III hat anfangs nur geringe, gegen Ende der Stunde auch größere Zerstörungen. Bei U beginnt sich von Vers 58 an das Loch in der Nordwand bemerkbar zu machen, ab Vers 66 sind die Zeilen völlig zerstört. Bei R II sind die Verse 49—54 völlig, der Rest überwiegend zerstört (ab *sḫw 120* in Vers 48 auf der Nordwand). U, A III und Pap. Berlin 3001 (Tafel 5 f.) halten sich bei der Verteilung des Textes wieder deutlich an den metrischen Aufbau: 14 (6 + 5 + 3) + 14 (2 + 3 + 2 + 5 + 2) Verse; außerdem gliedern sie die zweite Strophe (Vers 52—56) noch unter in 1 (schwarz) + 3 (rot) + 1 (schwarz) Verse. A II und S I heben nur einen Teil der Strophen ab. Bei A III und im Pap. Berlin 3001 sind die Zeilen auch innerhalb der Strophen völlig gleich verteilt (vgl. 2. Stunde).

Vers 46 hat gegenüber der LF wieder das Adverb *m-ḫt* und damit ein weiteres Kolon eingeschoben; da *ḥm-n-* nach Fecht E 3 univerbiert ist, ergeben sich vier Hebungen für diesen Vers.

Vers 47 hat ebenfalls eine Hebung mehr als die LF. Die „Lücke“ bei A II stimmt hier nicht genau mit dem Zeilenwechsel von A III und Pap. Berlin 3001 (beide erst nach *jn nṯr*) überein, hat aber zweifellos wie bisher ihren Grund im Zeilenwechsel der Papyrusvorlage.

Vers 48. Hier hat U durch die eingeschobene Präposition (*sḫw m-120*) eine Hebung mehr, also insgesamt vier Hebungen, falls *m-3w-n-* univerbiert ist. S I und R II haben abweichende Maßangaben für die Länge (vgl. oben zu Vers 19), während die späten Papyri, soweit sie Jéquier berücksichtigt hat, wieder richtig 309 Meilen schreiben.

Vers 50. Das *n* des Dativs ist bei S I um eine Zeile verschoben und daher vor *wsjr* gestellt. Die LF (44,6) schreibt ausführlicher „den Verklärten, die im Gefolge des Osiris sind . . .“.

Vers 51 fehlt in der entsprechenden Strophe der LF, entspricht aber sinngemäß Teil I 45,2f.

Vers 52. Der Plural *nṯrw* hat im Amduat in der Regel die Bedeutung „Gottheiten“, da die Wesen der einzelnen Nachtstunden durchweg aus Göttern und Göttinnen bestehen. In der LF (45,4) sind dieser und der folgende Vers verkürzt und zu einem einzigen Vers zusammengezogen.

Vers 55. Beachte den Wechsel im Demonstrativpronomen: die Beschreibungen verweisen auf *sḫt* als das dargestellte, unmittelbar vor Augen stehende „Gefilde“ mit *tn*, während hier im Vermerk, vom Standpunkt des Wissenden „auf Erden“, auf das Jenseitsgefilde mit *tw* verwiesen wird. Vgl. zum entsprechenden Gebrauch der Demonstrativa in den Pyramidentexten S. Schott, Mythe und Mythenbildung S. 33f. u. ö.

Vers 56. Der Name des Gefildes ist bei Th III und R II zum Teil zerstört, aber wohl ebenso geschrieben wie in den anderen Versionen. Zu *nb-wꜥ* als Beiname verschiedener Götter (außer Re-Atum auch Ptah, Aton, Sobek u. a.) s. Christophe, ASAE 54, 1957, 354 mit Anm. 4; hier ist wegen Vers 47 sicher Osiris gemeint.

Vers 57. In der LF (45,7) bleibt das Adjektiv *št3* hinter *sšmw* fort.

Vers 58. A II hat hinter *ntj m ẕš* eine kleine „Lücke“, die jedoch nicht zwei Verse trennt, sondern wieder auf einen Zeilenwechsel der Vorlage zurückgeht, wie ihn A III und Pap. Berlin 3001 bewahren.

Vers 59. Dieser Vermerk hat eigentlich nur für die LF Sinn, wo die erste bis vierte Nachtstunde auf die Westwand der Sargkammer gehören, vgl. Teil II 45 (21).

Vers 60 und 61 hat S I ausgelassen; sie finden sich auch in der LF (Teil I 45 Anm. 11) nur in einem Teil der Exemplare.

Vers 62ff. stellt Vermerke aus dem oberen, mittleren und unteren Register der LF zusammen. Da solche Vermerke aus einzelnen Registern in den meisten anderen Stunden fehlen, könnten die Verse 62—66 eingeschoben sein, damit sich die „richtige" Zahl von 28 Versen ergibt.

Vers 65. Doppeltschreibung des *m* bei S I wegen Zeilenwechsel.

Vers 66. Ein zweites Beispiel für die Schreibung von *pꜣḏ* mit 𓅜, d.h. als *bꜣd* (hier S I) in der LF bei R VI: Teil I 50 Anm. ii.

Vers 67 und 68 finden sich in der LF sowohl im unteren Register (54,4) als auch im Schlußtext (61,1); der Rest dieser Strophe entspricht jedoch dem Schlußtext, der außerdem wie die KF *bꜣ-ꜣḫ* statt des bloßen *ꜣḫ* im unteren Register schreibt.

Vers 69. Die eigenartige Schreibung von *ḫtmjt* (?) führt das Wb III 198, 12 als eigenes Wort *ḫtmm* auf, jedoch ohne das bezeichnende 𓐍 am Schluß, das hier wie in der LF alle Versionen zeigen. Eine Erklärung der ungewöhnlichen Schreibung weiß ich nicht.

Vers 70. Die LF erweitert den Vers durch „am Tage". Wegen des Suffixpronomens nach *tpj* möchte man auch hier *hrw* ergänzen (vielleicht nur als 𓉔 ?), bei U ist leider die ganze Strophe zerstört. *m jrw.f* schreiben erst die Papyri (Jéquier S. 63).

Vers 72 und 73 sind in der LF (61,4) ein einziger Vers mit drei Hebungen.

Vierte Stunde

Allgemein. U ist durch das Loch in der Nordwand völlig zerstört. R II ist, vor allem am Anfang, stark zerstört, während die übrigen Versionen Th III, A II, A III und S I unzerstört erhalten sind. Bei S I stehen die beiden ersten Verse noch auf der Rückwand der Halle, der Rest auf der Nordwand. A II, A III und Pap. Berlin 3001 lassen durch ihre Gliederung des Textes den Strophenaufbau von 3 + 2 + 4 + 3 + 2 Versen klar hervortreten und setzen in den beiden Strophen Vers 77 bis 82 auch die einzelnen Verse gegeneinander ab; S I gliedert die beiden Strophen in gleicher Weise, doch fehlt ihm der freie Raum nach den Versen 78 und 82. Abgesehen von der ersten Zeile, die bei Jéquier S. 67 nicht zu erkennen ist, stimmt der Pap. Berlin 3001 in der Verteilung der Zeilen wieder völlig mit A III überein.

Vers 74. Hier möchte ich meine Übersetzung gegenüber Teil II 81 ändern und *ḥtp* wie in den übrigen Stunden durch „Verweilen" wiedergeben; *m stꜣw* nach dem eingeschobenen Adverb *m-ḫt* meint wohl die Tatsache, daß der Sonnengott jetzt nicht mehr auf Wasser dahinfährt, sondern über den Sand des Sokarlandes gezogen wird. Der Vers ist wieder ein Vierheber.

Vers 75. Die LF gibt noch „mit heiligen Gestalten" als Beiname der Höhle, verwendet also in dieser Strophe durchweg dreihebige Verse.

Vers 77. In der LF stellen alle Versionen die beiden Glieder dieses Nominalsatzes um, eine durchaus legitime Möglichkeit, da sich die Reihenfolge im ägyptischen Nominalsatz nicht nach unseren Kriterien für „Subjekt" und „Prädikat" richtet.

Vers 79—82 schieben in den Vermerk Teil I 63,1—2 die erste Hälfte der nur änigmatisch geschriebenen Zeile über der 4. Stunde in der LF ein. Im Mittelpunkt der drei ersten Verse stehen die drei weitgehend synonymen Eigenschaften *štꜣ*, *ḏsr* und *jmn*, die zusammen das geheimnisvolle „Sokarland“ kennzeichnen. *štꜣ* und *jmn* kennen wir als „geheimnisvoll“ bzw. „verborgen“, während für *ḏsr* immer noch keine wirklich befriedigende Bedeutung und Übersetzung ermittelt werden konnte. Im Akt des *ḏsr* wird mit Hilfe eines Szepters oder Stabes eine Art „Bannkreis“ geschaffen, vgl. das Ideogramm und Textstellen wie Pyr 339c oder noch deutlicher CT III 49e: (ich esse nicht) „weil jener Stab in meiner Hand ist, der Himmel und Erde *ḏsr*“. Wie Himmel, Erde oder Bauwerke können auch Wege *ḏsr* gemacht werden, wie hier Vers 80 und bereits Pyr 801b[1]). Die Bedeutungsskala des Adjektivs deckt sich etwa mit „abgeschirmt, geweiht, heilig, unnahbar“: der im Akt des *ḏsr* umschriebene Weltausschnitt ist magisch gesichert, heil und heilig. Auf eine solche Bedeutung laufen die mir bekannten Belegstellen und die bisherigen Bemerkungen zu *ḏsr* hinaus, doch wäre eine umfassende lexikalische Untersuchung nötig, um alle Bedeutungsnuancen dieses wichtigen Wortes klarer herauszuarbeiten. Zur Imhet, die ich unübersetzt lasse, vgl. den Nachtrag unten S. 63.

Vers 82. Die zusammengesetzte Präposition *r-rꜣ* hat wie *ḥrw-rꜣ* (s. Gardiner, Grammar § 179) die Bedeutung „neben, zur Seite“, an dieser Stelle ganz deutlich (vgl auch die Variante *r-ḫnt* bei S I) und zweifellos auch Sinuhe B 195 (Zwergentanz „neben“ dem Grabe) anzunehmen. *rꜣ* ist in solchen Verbindungen, wie auch in *rꜣ-wꜣt*, *rꜣ-n-ḥꜣnw* und *rꜣ-ḫnt*, nicht als „Mündung“, sondern als „Rand, Seite“ zu übersetzen, vgl. Teil II 84.

Vers 83—85 in der LF nur änigmatisch. Dort geht ein Vermerk über die Anbringung des „Bildes“ (*sšmw*) dieser Stunde voraus (Teil I 63,6), der hier fehlt — die beiden zusätzlichen Verse paßten wohl nicht in den metrischen Aufbau der KF, die sich wie in der ersten Stunde auf 14 Verse beschränken wollte.

Vers 84. Die „Lücke“ bei A II weicht nur um ein Zeichen vom Zeilenwechsel bei A III und Pap. Berlin 3001 (nach) ab; in Vers 87 stimmt sie mit dem Zeilenwechsel genauestens überein. Die LF und die Papyri setzen hinter den Stundennamen noch ein Determinativ.

Fünfte Stunde

Allgemein. U ist von Vers 95 an wieder zum Teil erhalten; A II, S I und — mit Ausnahme der letzten Zeichen — auch Th III sind unzerstört. A III bleibt durch eine starke Schwärzung der Wand bis Vers 98 überwiegend undeutlich, R II ist zu einem großen Teil zerstört. A III und Pap. Berlin 3001 (Tafel 6f.) stimmen in der Verteilung der Zeilen wieder völlig überein, doch tritt der metrische Aufbau nicht mehr so klar hervor wie in den ersten vier Stunden: 8 (5 + 3) + 9 (4 + 5) + 6 (2 + 4) + 4 = 27 Verse. Die Verse 93—95, 98—99 und 111 erhalten jeweils eine eigene Zeile; in Vers 102 erhält sogar jedes Kolon eine eigene Zeile. Bis Vers 101 folgt auch U dieser Gliederung, beginnt aber dann, den Text eng zusammenzudrängen. A II und S I lassen nur gelegentlich beim Strophen- oder Verswechsel freien Raum.

Vers 88. Die Femininendung in *mꜣʿwt* bei A II verwischt, aber noch zu erkennen. In den ersten acht Versen ist die Zahl der Hebungen besonders regelmäßig: 3/3, 2/2, 3/2, 3/2. Die Verteilung

---

1) Die *wꜣwt ḏsrwt* des Totenreiches werden schon in einer häufigen Formel des Alten Reiches genannt, s. Wilson, JNES 13, 1954, 253f.

der Genitivverbindung in Vers 90/91 auf zwei Verse dürfte daher gesichert sein (ein zweiter Fall in Vers 272/273).

Vers 89. Die „Lücke" bei A II geht wahrscheinlich wieder auf einen Zeilenwechsel der Vorlage zurück, der bei A III und Pap. Berlin 3001 zwei Wörter weiter (nach *qrrt*) erfolgt.

Vers 90. Bei S I hat Jéquier S. 77 Anm. 11 nach seiner Vorlage Lefébure Taf. 34 Zeile 144 den unteren Schminkstrich des Auges in *ptr* als mißverstanden.

Vers 92. *nṯrw* fehlt in der LF, und R II muß auch hier etwas ausgelassen haben, da die zerstörte Stelle vor *sḏm* zu klein für den ganzen Anfang des Verses ist. Von *ẖrw* an steht der Text bei S I über den Pfeilern, gegenüber der Rückwand. Zur Übersetzung des Verses vgl. Teil II 93 (3); die Stimme des Sonnengottes dringt auch in die unsichtbare, geheimnisvolle Welt der Sokarhöhle, über die er hinweggezogen wird.

Vers 93 ist, obgleich er sinngemäß noch zu dieser „Strophe" gehört, bei A II, A III und Pap. Berlin 3001 in eine eigene Zeile verwiesen.

Vers 96—98 stellen wieder die drei verwandten Eigenschaften *štꜣ*, *jmn* und *ḏsr* nebeneinander, vgl. oben zu Vers 79ff.

Vers 97. Hier schreiben alle Exemplare der LF *sbꜣw n ʿqt jmnt*, wobei es fraglich bleibt, ob *jmnt* Adjektiv oder Objekt zu *ʿqt* sein soll, der fehlende Rückverweis spricht für die Deutung als Adjektiv, also „die Tore des verborgenen Eintretens".

Vers 98. S I determiniert *Skj* < *Skr* mit einem hockenden falkenköpfigen Gott.

Vers 99 hat vermutlich wie die übrigen Verse dieser Strophe zwei Hebungen, also *jwf-ḫʿw-ḏt* univerbiert. Die „erste Erscheinungsform" ist wohl diejenige, welche Sokar beim „Ersten Mal", d.h. bei der Schöpfung, gehabt hat.

Vers 100 fehlt in der LF.

Vers 102. A II hat in *jrw* nachträglich eingefügt. Wegen der fehlenden Präposition vor *jmjt-wnwt.sn* (das Suffix fehlt in der LF!) kann der Vers hier nicht so übersetzt werden wie in der LF (Teil II 93): das durchweg als Singular geschriebene *jmjt-wnwt.sn* muß Prädikat, das folgende *ḫprw.sn-štꜣw* kann Apposition (wie hier übersetzt) oder Pseudoverbale Konstruktion („ihre Formen sind geheimnisvoll") sein; in beiden Fällen wäre es nur ein Kolon (Fecht B 1 bzw. N 14), der Vers also insgesamt dreihebig, die beiden folgenden Verse sind durch ein Rubrum deutlich abgesetzt.

Vers 104. Ob *ḏs.f* ein eigenes Kolon bildet, ist unsicher, s. Fecht B 5.

Vers 105. Dittographie bei S I wegen Zeilenwechsel. Der Vermerk ist identisch mit der LF.

Vers 109. Die Göttin Chemit erscheint als Nr. 356 im oberen Register der LF, wo sie die Verdammten bestraft und von ihrem Blute lebt. Das Determinativ ihres Namens hockt in allen Versionen auf der Himmelshieroglyphe und trägt ein unterschiedlich geformtes Gehörn auf dem Haupt; der Götterbart findet sich nur bei A II, während R II dem Determinativ einen Kuhkopf gibt und damit die Chemit noch deutlicher als eine gewalttätige Erscheinungsform der Hathor kennzeichnet.

VERS 110 ist an der entsprechenden Stelle der LF ausgelassen, findet sich aber im oberen Register (Teil I 83,7).

VERS 113. „In dieser Höhle" fehlt in der LF (76,1).

VERS 114. Die letzten Zeichen sind bei Th III zerstört, der Platz reicht nur für eine Ergänzung [Hieroglyphen] aus.

Sechste Stunde

ALLGEMEIN. Vollständig erhalten ist die Stunde bei Th III und A II; nur geringfügige Zerstörungen weisen U, A III und S I auf. Bei R II sind die letzten Zeilen auf der Nordwand (bis Vers 124) fast vollständig zerstört, ebenso ab Vers 132 die Zeilen der Ostwand; dazwischen ist auch nur ein Teil des Textes erhalten. In der Sargkammer R IV stehen die Verse 125 bis 133 in der linken Hälfte (auf der Eingangswand beginnend) über dem Pfortenbuch. Die Einteilung bei A III und im Pap. Berlin 3001 gliedert den Text in 9 + 8 (3 + 5) + 5 (2 + 3) + 6 + 5 (2 + 3), insgesamt 33 Verse; die Verse 127—131 und der Stundenname am Schluß (Vers 147) erhalten jeweils eine eigene Zeile. Die beiden Exemplare stimmen in dieser Stunde nicht nur in der Zeilenabtrennung, sondern auch in der Auslassung von Vers 128 und in der Variante am Ende von Vers 142 überein. Einen Teil der Strophen bzw. Verse heben auch Th III und A II ab, während U weiterhin dichtgedrängt schreibt. Die erste Strophe (Vers 115—123) bleibt in allen Versionen ungegliedert und wird in den gemalten Exemplaren rot geschrieben.

VERS 116. Das zweite [Hieroglyphe] fehlt in der LF (Teil I 97,4), wird aber hier in allen Versionen, offenbar als Genitiv der Bestimmung, ausgeschrieben.

VERS 117 fehlt in der LF. Hier wie in den Versen 118, 120 und 123 weicht die Vorlage A II in der Zeilentrennung von A III und Pap. Berlin 3001 ab; nimmt man jedoch an, daß sie die Zeilen nicht ganz bis zum unteren Rand ausgefüllt hat, wie es A III und der Papyrus (s. Tafel 7) hier ausnahmsweise tun, dann lassen sich die drei kleinen „Lücken" bei A II wieder gut aus dem Zeilenwechsel dieser Vorlage erklären.

VERS 118 hat kleine Varianten gegenüber der LF (97,5), die sich aus dem eingeschobenen Vers 117 ergeben. Die Umstellung von [Hieroglyphe] und [Hieroglyphe] in *wḏ* haben auch A III, S I und R II.

VERS 119. Die Ergänzung *sqdd.f m [njwt] tn*, die ich in der LF (s. Teil II 109 und 110[3]) vornehmen wollte, würde diesen Vers auf vier Hebungen bringen (zum Pseudopartizip als Umstandssatz vgl. Fecht N 15) bzw. eine Zerlegung in zwei Verse fordern; das ist unwahrscheinlich, da die beiden ersten Strophen in der 5. bis 8. Stunde einheitlich 17 Verse haben. Daher möchte ich [Hieroglyphen] als *mṯn* „Weg, Straße" lesen, es wäre dann nur das Det. [Hieroglyphe] ausgefallen; diese Lesung wird auch durch die Variante mit [Hieroglyphe] in der LF (bei Tut) gestützt, s. Teil I 97 Anm. p). Das Schema der Hebungen ist dann für die neun Verse der ersten Strophe 2/2, 2/3, 3/3, 3/2, 3. Das Suffix hinter *wjꜣ*, das hier nur U hat, wird in allen Versionen der LF geschrieben.

VERS 121. Th III trägt das hier vergessene *n nt.sn* in schwarzer Farbe nach Vers 123 nach. U läßt das *n* des indirekten Genitivs aus.

VERS 122. Die LF verwendet in allen Exemplaren am Anfang die Präposition *m*. In der Übersetzung von *rꜥ-nb* „Tag für Tag" folge ich J. Assmann, der in seiner Dissertation den Unterschied zwischen *m ẖrt hrww* „täglich" und *rꜥ-nb* herausarbeitet (Liturg. Lieder I Anh 6. Std. n. 21).

VERS 123. Im Tornamen fehlt [Hieroglyphe] bei A III. Zur „Lücke" bei A II vgl. oben zu Vers 117; offenbar hat auch seine Vorlage diesen Vers nicht in eine eigene Zeile gesetzt. Auch die nächste „Lücke" in Vers 126 geht zweifellos auf einen Zeilenwechsel in seiner Vorlage zurück.

VERS 127. Die Lesart *dmw m rnw.sn* der LF (98,5) hat hier nur R IV (R II ist zerstört). Wegen Vers 130 sehe ich in *dmḏjw* (LF: *dmw*), *rḫw* und *mtnw* weiterhin passive Prädikate, nicht Pseudopartizipien, die von *dꜣtjw* in der vorangehenden (und deutlich abgesetzten!) Strophe abhängig wären.

VERS 128 fehlt bei A III und in den Papyri, steht jedoch in allen Exemplaren der LF; S I hat nur *rḫ*, R II aber wie U, Th III und A II den ganzen Vers. Zu *rḫ ḏt* vgl. jetzt auch Fecht, MDIK 19, 1963, 83 Anm.

VERS 131 ist durch freien Raum davor (bei A II, A III und Pap. Berlin 3001) und durch rote Farbe vom Rest der Strophe abgehoben. Bei U eröffnet er die Zeilen auf der Eingangswand.

VERS 133. Die „Lücken" bei A II hier und in Vers 135 gehen sicher auf einen Zeilenwechsel der Vorlage zurück, allerdings wieder abweichend von A III und Pap. Berlin 3001, vgl. oben zu Vers 117.

VERS 135. U schreibt als einzige Version *ḥtpw-nṯr* „Gottesopfer", die anderen folgen mit dem ausgeschriebenen Plural *nṯrw* der LF.

VERS 136. Hier weicht die KF durchgehend, auch noch in den späten Papyri, von der LF ab, indem sie *ꜣbwt* mit dem Det. [Hieroglyphen] versieht und daher an das Wort für „Familie, Angehörige" denkt. Wb I 7,8 führt keine Schreibung des Wortes mit [Hieroglyphe] statt mit [Hieroglyphe] auf, doch ist der Wechsel der beiden Zeichen seit der 13. Dyn. belegt (Hayes, JEA 33, 1947, 8[p]) und bei *ꜣbj* „wünschen" im NR häufig, vgl. die Schreibung der Relativform in der LF (Teil I 99,4). Daß hier kein einfaches Mißverständnis, sondern eine andere Interpretation der KF vorliegt, zeigt auch der Ausfall des Adjektivs *nb* in allen Versionen.

DIE VERSE 137—144 stehen, mit einer kleinen Abweichung am Anfang, in der LF als waagerechte Zeile über dem Mittelregister (Teil I 108).

VERS 137. Das univerbierte *ḥm-n-nṯr-pn* haben außer A III (R II ist zerstört) auch die Papyri (Jéquier S. 90).

VERS 139. Hier fallen der Zeilenwechsel bei A III und Pap. Berlin 3001 und die „Lücke" bei A II fast zusammen und treten erst in der nächsten Zeile (Vers 141) wieder stärker auseinander.

VERS 141. Die LF (108,6) schreibt durchweg *ḫpr ḥr.sn*. Zur Entstehung von Nahrung durch das Schöpferwort eines Gottes und zur möglichen Gleichsetzung beider s. jetzt J. Zandee in VERBUM (Festschrift H. W. Obbink, 1964) S. 62—65.

VERS 142. Die Papyri fügen wie A III am Schluß noch ein Objekt *mdw* an (Jéquier S. 90,6 mit Anm. 66). Das [Hieroglyphe] bei A III steht für [Hieroglyphe].

Vers 143. Im Gegensatz zu Vers 116 (s. dort) schreiben hier alle Versionen, auch die Papyri, im Namen des Gefildes nur einmal 𓈖𓈖𓈖.

Vers 144. A III und die Papyri schreiben übereinstimmend *wjꜣ n Rꜥ*, ebenso die LF (108,8), wodurch sich eine Hebung mehr und damit ein besserer metrischer Aufbau ergibt: in Vers 143 und 144 jeweils drei, in der vorangehenden und in der folgenden Strophe jeweils zwei Hebungen. U ist nach dem Determinativ von *wjꜣ* zerstört.

Vers 146. Das seit A III (R II ist zerstört) eingeschobene *ꜥꜣ* nach *nṯr-pn* bleibt in den Papyri (Jéquier S. 91,1) erhalten.

Siebente Stunde

Allgemein. Unzerstört sind nur Th III und A II, geringfügige Zerstörungen weisen U und A III (Zeilenanfänge Vers 173—182) auf. S I bricht den Text am Ende von Vers 150 ab, da ihm in der Sargkammer kein Raum mehr zur Verfügung stand. Bei R II sind die ersten Verse und Vers 158ff. fast völlig zerstört. Der Text dieser Stunde ist mit seinen 46 Versen weitaus der längste Abschnitt der KF und betont damit die Bedeutung dieser Stunde, die den Triumph des Sonnengottes über seinen Schlangenfeind Apophis schildert. A III und Pap. Berlin 3001 gliedern den Text in 9 (6 + 3) + 8 (2 + 6) + 5 (2 + 2 + 1) + 5 (3 + 2) + 4 (2 + 2) + 7 (2 + 3 + 2) + 5 (2 + 2 + 1) + 3 Verse (die Verse 179—190 sind im Berliner Papyrus ausgefallen!). Eine eigene Zeile erhalten die Verse 159—164, 169, 170, 173, 174, 179, 180 und 190.

Vers 148 ist durch den indirekten Genitiv am Schluß bei S I vierhebig, alle anderen Versionen und die LF (Teil I 117,4) haben jedoch den direkten Genitiv und damit drei Hebungen.

Vers 149. Wie in Vers 146 wird seit A III (R II ist wieder zerstört) nach *nṯr-pn* noch *ꜥꜣ* eingeschoben. Die „Lücken" in diesem Vers wie in 151, 153 und 155 zeigen, daß die Vorlage von A II wie in der 6. Stunde großzügiger (in kürzeren Zeilen) geschrieben war als A III und Pap. Berlin 3001, vgl. oben zu Vers 117.

Vers 150. *nn* ist in der LF ausgelassen. S I bricht den Text mit *jmj(w)* ab.

Zwischen Vers 151 und 152 läßt Th III als einzige Version freien Raum.

Vers 153. *m ḥkꜣw* ist nur bei Th III korrekt geschrieben. A III und die Papyri kürzen wie die LF (117,7) *smsw* ab, während R II nach den erhaltenen Spuren die ausführliche Schreibung der älteren Versionen hat.

Vers 155. In der LF (117,8) fehlt *rn.f*, das hier ein eigenes Kolon zu bilden scheint; für die Verse der ersten Strophe ergeben sich dann 3/2/2, 3/2/2, 2/3/2 Hebungen.

Vers 161. Das Determinativ von *ꜣst* trägt bei Th III einen Götterbart. Wie in Vers 153 wird *smsw* bei A III, in den Papyri und in der LF (118,6) abgekürzt, R II ist hier zerstört.

Vers 162 ist für die Frage wichtig, ob *ḏs.f* ein eigenes Kolon bildet, vgl. dazu oben zu Vers 104. Zerlegt darf der Vers nicht werden, da die Strophe im metrischen Aufbau der 5. bis 8. Stunde acht Verse haben muß und zudem stichisch geschrieben ist. Vier Hebungen scheinen mir an dieser Stelle unwahrscheinlich, so daß ich für das Amduat eine Univerbierung von *-ḏs.f* annehmen möchte. Bei U müssen wir für die Auslassung von *tpj rꜣ n* am Zeilenanfang und in der

Verkürzung des Verses auf ein einziges Kolon, die daraus folgt, wohl ein Versehen annehmen. Belege für den parallelen Gebrauch von *ꜣḫw* und *ḥkꜣw* gibt Assmann, Liturg. Lieder Nachwort IV mit n. 101.

Vers 163. Die Papyri verwenden wie Th III (U und R II sind zerstört) den indirekten Genitiv *šꜥt nt ꜥꜣpp*.

Vers 165 ist in der LF verkürzt, es fehlen dort *pn* und *m zš* (118,9).

Vers 167/168 lauten in der LF (118,10): „Es ist nützlich im Himmel, in der Erde und auf Erden." Hier liegt die Betonung auf dem Vollzug des Rituals, das J. Assmann mit Recht hinter den Vermerken des Amduat vermutet. Die meisten Papyri haben das Part. ipf. Pass. *jrrw* mißverstanden, s. Jéquier S. 100 mit Anm. 58.

Vers 169 und 170 sind im Pap. Berlin 3001 (s. Jéquier S. 95) miteinander vertauscht. *smsw* ist hier im Gegensatz zu Vers 153 und 161 auch bei A III und in einigen Papyri ausgeschrieben. In der LF steht der Vermerk Vers 170—178 im Mittelregister über der Sonnenbarke (Teil I 123).

Vers 171 und 172 in der LF (123,2—3) anders: dort ist die Relativform *jrrw.sn* ausgelassen, dafür am Schluß *m jmnt nt dꜣt* eingefügt.

Vers 173 fehlt in der LF.

Vers 174 ist bei U auf *jw tp tꜣ mjtt* verkürzt.

Vers 175. Die LF hat in allen Exemplaren „Wer es vollzieht ist . . .", also eine ähnliche Anspielung auf den Vollzug des Rituals wie hier Vers 167.

Vers 177. Die Partikel *jn* fehlt in der LF. Ob hier gemeint ist „Der Erlesene ist es, der dieses Bild kennt"?

Vers 178. Bei A III ist *n ḫsf* bis auf das Determinativ ausgefallen.

Die Verse 179—191 sind im Pap. Berlin 3001 (Tafel 8) ausgelassen, so daß sich die Gliederung des Textes nur bei A III ablesen läßt. Zunächst ist wie in der 6. Stunde die waagerechte Zeile über dem Mittelregister der LF (Teil I 124) aus der Vorlage übernommen (Vers 179—185), es folgen Vermerke aus dem mittleren und unteren Register (Vers 186—190).

Vers 179. Die einleitende Partikel *jr* fehlt in der LF (124,4).

Vers 180. Die Zahl ist bei A III und R II zerstört. Die erhaltenen Versionen, auch die Papyri (Jéquier S. 101), schreiben konsequent 450 Ellen, während die LF ebenso konsequent 440 Ellen als Länge gibt. Vgl. zur Sandbank des Apophis auch den Nachtrag unten S. 65.

Vers 182. *ꜥḏt* wird hier in allen Versionen des Neuen Reiches korrekt geschrieben, aber in den Papyri (Jéquier S. 102) und in der LF (124,5) verstümmelt.

Vers 185. A II hat ⊂⊃ in *sšmw* nachträglich eingefügt.

Vers 186 und 187 steht in der LF als Vermerk über Apophis und den Göttern, die ihn fesseln (Teil I 125,6). Der Wortlaut ist identisch, mit dem *m* der Identität am Anfang von Vers 187, das hier nur A II und die Papyri (Jéquier S. 102,5) schreiben.

Vers 188 und 189 stehen in der LF am Ende des Mittelregisters (Teil I 127,5) und nehmen dort Bezug auf die Messer (*zfw*) der strafenden Gottheiten. *qnt* mit dem Determinativ [Hieroglyphe], im Wb

V 48, 14 als besonderes Wort aufgeführt, halte ich für identisch mit *qnt* „Kraft, Tapferkeit, Sieg" (Wb V 45 f.), das hier als „Bezwingung" (vgl. Wb V 44, 1) des Apophis einen positiven, als Gefährdung des Toten einen negativen Aspekt hat; beide Aspekte werden durch die Übersetzung „Gewalttätigkeit" verbunden.

Vers 190 bezieht sich auf das Krokodil am Ende des unteren Registers und entspricht wörtlich dem Vermerk Teil I 133, 3. U läßt die Präposition *m* vor *tmw* aus.

Im Vermerk über den Stundennamen (Vers 191—193) ist gegenüber der LF (Teil I 118, 1—2) wieder „in dieser Höhle" eingefügt.

Achte Stunde

Allgemein. Bei Th III und A II ist die Stunde vollständig, bei U und A III mit geringfügigen Zerstörungen, bei R II nur in Spuren erhalten. A III und Pap. Berlin 3001 gliedern die Stunde wieder einheitlich in 8 (5 + 3) + 9 (3 + 2 + 4) + 2 = 19 Verse, trennen allerdings die beiden letzten Strophen nur durch Farbwechsel voneinander, während Th III die beiden Haupteinschnitte nach den Versen 201 und 210 deutlich durch freien Raum hervorhebt.

Vers 196. Th III hat am Anfang keine Präposition, U als einzige Version *m*, R II ist zerstört; A II, A III und die beiden Papyri bei Jéquier haben wie die LF (134, 4) *r*. In den Papyri ist *nṯrw* ausgefallen.

Vers 198. Vgl. zu dieser Lesung und zum abweichenden Wortlaut der LF Teil II 142 (4).

Vers 200. Die korrekte Schreibung des Tornamens nur bei A III und im Pap. Berlin 3001 (Tafel 8), U und R II sind zerstört.

Vers 205. In der LF (135, 5) fehlt *ntj m z̧š*.

Vers 206. Die ungewöhnliche ausführliche Schreibung von *d(w)ꜣt* haben hier alle erhaltenen Versionen (U ist zerstört) bis zu den Papyri (Jéquier S. 110), während die LF (135, 5) normal ⋆ schreibt.

Vers 208. Lies mit U und der LF (135, 6) *m jrj mnḫwt m tꜣ*; von Th III bis zu den Papyri lassen alle Versionen *jrj* aus.

Vers 209. Auch hier hat nur U die korrekte Schreibung *jwtj ḥsfw.f*.

Vers 211 und 212 sind bei A II aus Platzmangel ungewöhnlich stark abgekürzt, der Wortlaut ist identisch mit der LF (134, 9—135, 1).

Neunte Stunde

Allgemein. Th III und A II sind vollständig, A III fast vollständig erhalten. U weist stärkere Zerstörungen auf, bei R II sind die Verse 218—222 zum Teil erhalten, von den übrigen Versen nur vereinzelte Spuren. Die Verse 219—228 stehen in der Sargkammer R IV in der rechten Hälfte, auf der Rückwand beginnend, über dem Pfortenbuch. A III gliedert den Text der Stunde in 6 (3 + 2 + 1) + 5 (2 + 3) + 6 + 3 = 20 Verse. Der Pap. Berlin 3001 hat die gleiche Anordnung der Zeilen, läßt aber die Verse 216—220 aus. U schreibt jetzt nicht mehr so dichtgedrängt wie in den vorangegangenen Stunden, sondern beginnt ab Vers 221 die Strophen in einer neuen Zeile, in Übereinstimmung mit A III und dem Berliner Papyrus.

Vers 214. Das Objekt *mdw* fehlt in der LF (Teil I 153,4).

Vers 216. Die LF (153,6) schreibt in allen erhaltenen Exemplaren *ꜥqw nṯr pn ꜥꜣ ḫr.f* „zu welchem dieser Große Gott Zutritt hat".

Vers 217. A III schreibt den Namen in eine eigene Zeile.

Vers 218. Der Name der Stätte ist gegenüber der LF (153,8) verkürzt; dort lautet er „Mit hervorquellenden Gestalten und lebenden Erscheinungsformen".

Vers 219. A III schreibt in Analogie zu den vorangehenden Versen „Der Name der geheimnisvollen Höhle ...", ebenso Pap. Leiden 71 (Jéquier S. 114).

Vers 221. Th III läßt *m rnw.sn* und damit ein ganzes Kolon aus.

Vers 222. Nach *sšmw pn* wechselt der Text bei R II von der Ost- auf die Südwand; die ersten Zeilen sind dort vollständig zerstört.

Vers 225/226. *nst* „Thron, Sitz" meint sicher konkret die [Hieroglyphe] -Zeichen, auf denen die Götterfiguren im oberen und die Uräen im unteren Register dieser Stunde thronen, während die übrigen Wesen der Stunde, vor allem die „Herren des Bedarfs", stehend dargestellt sind. Unter beide, die thronenden wie die stehenden Wesen, soll sich der selige Tote einreihen. Der Pap. Berlin 3001 schreibt *m ḥtpw m nst.f*, vermeidet also das direkte Objekt nach *ḥtp* (Tafel 9).

Vers 228. Wegen der ausführlichen Schreibung *hrw* bei Th III, A II, A III und Pap. Berlin 3001 werden wir [Hieroglyphe] bei U und in der LF (154,6) ebenfalls *hrw* lesen müssen (nicht *Rꜥ*!); die Übersetzung Teil II 153 ist entsprechend zu berichtigen. A II hat [Hieroglyphe] vor *dꜣdꜣt* nachträglich eingefügt.

Vers 229. Die LF (154,7) schreibt kürzer *jw ꜣḫ n.f tp tꜣ*.

Vers 231. „In dieser Höhle" fehlt in der LF (153,9).

Zehnte Stunde

Allgemein. Th III und A II sind vollständig, U mit geringfügigen Zerstörungen erhalten. Bei A III ist eine große Fläche Stuck mit einem beträchtlichen Teil der Stunde abgefallen. Bei R II sind bis Vers 241 noch Spuren des Textes erhalten, dann bricht er in der Mitte der Südwand ab, und es folgt die Titulatur des Königs. A III und Pap. Berlin 3001 gliedern den Text übereinstimmend in 5 (2 + 3) + 4 + 5 (2 + 3) + 3 = 17 Verse, wobei die Verse 235—237 jeweils eine eigene Zeile erhalten. Einige der Strophen- bzw. Verswechsel sind auch bei U (nach Vers 243 und 246) und Th III (nach Vers 236 und 241) durch freien Raum und Zeilenwechsel hervorgehoben. Die KF ist in dieser Stunde außer in Vers 235 identisch mit den entsprechenden Abschnitten der LF.

Vers 233. *n nṯr pn ꜥꜣ* ist bei U zerstört, bei A III ebenso *qrrt tn* und der größte Teil des folgenden Verses.

VERS 234. *nṯrw* fehlt bei Th III.

VERS 235. Die LF (167, 5) schreibt wie in Vers 216 konsequent *ʿqw* statt *ʿppw*.

VERS 236 ist nur bei Th III und A II vollständig erhalten, in den übrigen Versionen stark zerstört.

VERS 239. *ḫr Rʿ* habe ich in der LF „bei Re" übersetzt, doch scheint mir „mit Re" besser zu passen, da beide ja gemeinsam die Unterwelt durchfahren und im Bildteil dieser Stunde beide dargestellt sind: Chepri im oberen, Re im mittleren Register. Konkret meint die Präposition *ḫr* eine räumliche oder zeitliche Nähe zu jemandem (vgl. zuletzt Edel, Altäg. Gramm. § 768), kann aber auch andere Präpositionen als „gewähltere" Form ersetzen (Varille, Kêmi 4, 1933, 119—125).

VERS 240. Die Ergänzung bei U (oben S. 21 Anm. s) ist durch die erhaltenen Spuren und durch seine sonstige Schreibung von *mtw* gesichert.

VERS 242/243 nach *sšmw pn* bei A III zerstört, ebenso Vers 245 und der Anfang von Vers 246.

VERS 246. *sḥḏw-pt* nur bei Th III und A II ganz erhalten, aber den Spuren nach auch bei A III und U; auch die beiden Papyri bei Jéquier S. 122, 8 schreiben deutlich so, während die LF (168, 5) [hieroglyphs] schreibt, das in dieser Form sonst nicht belegt ist. Zur Lesung vgl. Wb IV 227, 2, wo auf einen möglichen Zusammenhang mit dem alten Wort *sḥdw* „Firmament" (?) verwiesen ist, das im Namen der Pyramide von Abu Roâsch und in den Pyramidentexten belegt ist. Im Gegensatz zu meiner Bemerkung Teil II 162 (12) scheint mir *r sḥḏw pt* jetzt eine durchaus sinnvolle, legitime Lesung, die zusammen mit Vers 245 auf das doppelte Dasein des Toten am Himmel wie in der Unterwelt anspielt.

VERS 247. Hinter *grḥ* steht bei U noch ein verwischtes ☉, vgl. seine Schreibung in Vers 266.

VERS 248. Das *r* am Anfang hat A II nachträglich eingefügt.

VERS 249. Das Determinativ von *ḫ3kw-jb* ist bei U und Th III deutlich ein geköpfter „Feind".

Elfte Stunde

ALLGEMEIN. Th III und A II sind vollständig erhalten, bei U ist nur am Ende des Stundentextes (Vers 265 ff). einiges zerstört; bei A III hat der abgefallene Stuck im wesentlichen nur die Zeilenanfänge übriggelassen. Zahl und Anordnung der Zeilen sind trotzdem auch für ihn gesichert und lassen wieder die völlige Übereinstimmung mit Pap. Berlin 3001 erkennen; beide gliedern den Text in 5 (2 + 2 + 1) + 6 (4 + 2) + 5 (3 + 2) + 4 (2 + 2) = 20 Verse. U läßt einige Unterteilungen der Strophen fort und gliedert noch übersichtlicher in 5 (2 + 3) + 6 + 5 (3 + 2) + 4 Verse (die gleiche Gliederung ergibt sich auch aus den Rubra). Th III läßt nur nach den Versen 251 und 269 freien Raum.

VERS 253. Wie in den Versen 216 und 235 schreibt die LF (Teil I 179, 6) konsequent *ʿqw* statt *ʿppw*. A III und Pap. Berlin 3001 setzen die eingeschobene Relativform und den Tornamen jeweils in eine eigene Zeile.

VERS 254. Zu *rꜣ* als „Rand" vgl. Teil II 84 und oben S. 42 zu Vers 82. Auch inhaltlich ergibt „Rand" hier einen besseren Sinn als „Mündung, Anfang": von einer Fortsetzung der Höhle in die 12. Stunde hinein ist keine Rede, sie wird als Bestrafungsort der Verdammten in dieser Stunde (vgl. die Darstellung im unteren Register) lokalisiert und ist ringsum von der „Stätte" dieser Nachtstunde als ihrem „Rand" umgeben. Ein metrisches Problem bilden die beiden Genitive *rn-ʔn-njwt-tn* und *rꜣ-ʔn-qrrt*, vgl. dazu oben S. 38 zu Vers 21. Wenn man nicht in beiden Fällen Univerbierung annehmen will, müßte der Vers in zwei Verse zerlegt werden; die erste Strophe erhielte dann sechs Verse, doch verlangt der metrische Aufbau der 9. bis 11. Stunde m. E. hier eine Strophe von fünf Versen, ebenso die Entsprechung zur übernächsten Strophe: hier 2 (rot) + 3 (schwarz), dort 3 (schwarz) + 2 (rot) Verse.

VERS 257. In meinem Aufsatz „Zum ägyptischen Ewigkeitsbegriff" FuF 39, 1965, 334—336 habe ich die bisherige Übersetzung „Ewigkeit" für *ḏt* und *nḥḥ* zurückgewiesen, da der Ägypter mit diesen Begriffen keinerlei Vorstellungen einer „Unendlichkeit" in unserem Sinne verbunden hat. Die Frage einer neuen und besseren Übersetzung des Substantivs *ḏt* mußte dort offenbleiben. Mit der Übersetzung „Zeit" folge ich nun einem Vorschlag von H. Brunner, der treffend an unser Gegensatzpaar „Zeit und Ewigkeit" erinnert, in welchem die beiden ägyptischen Begriffe eindeutig auf der Seite der „Zeit" stehen. Die vorliegende Stelle im Amduat scheint mir eine gute Bestätigung dieser Übersetzung und Auffassung: die Stunden treten als „Bilder, Gestaltungen" (*sšmw*) der Zeit aus ihr heraus und werden wieder von ihr „verschlungen". Als Ganzheitsbegriff ist die Zeit in der hockenden Göttin auf der Schlange personifiziert. Wie die Stunden sind auch die Jahre „Bilder" und Abschnitte der Zeit, vgl. dazu außer den *rnpwt ḏt* „Jahren der Zeit" (Edfou VI 95), die ich a.a.O. S. 335 Anm. 17 nach Žabkar zitiert habe, noch die *ḏt m rnpwt ḥtpw* „Zeit, (bestehend) aus Friedensjahren" im Speos Artemidos (Hatschepsut; s. JEA 33, 1947, pl. IV Nr. 7 Zeile 9) und ähnlich Sandman, Texts from the Time of Akhenaten S. 147, 17 für *nḥḥ* und *ḏt*. Natürlich ist die Zeit als Ganzes für den Ägypter ebensowenig wie für uns in Stunden oder Jahren meßbar; sie ist unabsehbar, aber nicht unendlich.

VERS 260. Die Papyri (Jéquier S. 129,9) lassen die Präposition *r* vor *mswt* aus.

VERS 261. Die LF (180,3) schreibt *mj qd* statt *m qd pn*.

VERS 263. A II hat *ḥr* nachträglich eingefügt. Die LF läßt *m jmnt* aus und stellt *nt dꜣt* an den Schluß.

VERS 264. *ḥtpw.f* „seine Opfer" ist gegenüber der LF deutlich ausgeschrieben und wohl auch dort (Teil I 180,4) zu ergänzen ([hieroglyph] als Determinativ [hieroglyph] von *psš* mißverstanden?).

VERS 267. *m qrrt tn* fehlt in der LF (179,8). Das „Sternige" (*sbꜣjt*) im Namen der Nachtstunde bezieht sich wohl auf die im oberen Register dargestellten Sterne als Nachtstunden und „Bilder" der Zeit.

Zwölfte Stunde und Schlußtitel

ALLGEMEIN. Th III und A II sind vollständig erhalten, der letztere läßt allerdings die Verse 274 und 275 aus. Bei U und A III ist der Text dieser beiden letzten Abschnitte stark zerstört. Es scheint, daß die beiden Abschnitte als eine Einheit empfunden wurden. A III und der Pap. Berlin 3001 beginnen den Schlußtitel in einer neuen Zeile, aber ohne den senkrechten Doppelstrich, der die Stundenabschnitte voneinander trennt. Die übrigen Versionen verzichten auf einen Zeilenwechsel, obgleich U genügend Raum zur Verfügung hatte und im übrigen eine grobe Gliederung des Textes durchführt. Metrisch ergibt sich allerdings eine Fuge zwischen den beiden Abschnitten. In der differenzierten, miteinander übereinstimmenden Gliederung bei A III und dem Berliner Papyrus ergeben sich 4 (1 + 3) + 7 (3 + 2 + 2) + 7 (3 + 2 + 2) = 18 Verse für den Stundentext, 4 + 5 (2 + 3) + 4 (2 + 1 + 1) = 13 Verse für den Schlußtitel, insgesamt also 31 Verse, die U etwas gröber in 14 (9 + 2 + 3) + 17 (10 + 7) Verse zu gliedern scheint. Mit der metrischen Gliederung, die für die beiden Abschnitte jedoch mit vielen Unsicherheiten belastet ist, mag es auch zusammenhängen, daß als einziger Stundenname der Name der 12. Nachtstunde („Die die Vollendung Res schaut") in der KF ausgelassen ist. Der Schlußtitel wurde bereits von S. Schott, Die Schrift der verborgenen Kammer S. 346—350 ausführlich behandelt; ich folge im wesentlichen seiner Übersetzung und Interpretation und übernehme auch seine Kennzeichnung dieses letzten Abschnitts als „Schlußtitel".

Vers 271. Die KF scheint *pḥwj kkw-zmꜣw* wie im Titel und im Schlußtitel auch hier als Nominalsatz und damit als eigenen, zweihebigen Vers zu betrachten, A III und Pap. Berlin 3001 beginnen mit dem Namen eine neue Zeile, außerdem wechselt die Tintenfarbe. Als Höhlenname scheint mir allerdings eine Genitivverbindung (*eine* Hebung) sinnvoller. Die LF (Teil I 192,4) setzt zwischen *qrrt tn* und den Höhlennamen noch das Genitiv-Adjektiv *n(j)t*.

Vers 272/273. Zur Verteilung eines indirekten Genitivs auf zwei Verse vgl. oben S. 42f. zu Vers 88.

Vers 279/280. A III und Pap. Berlin 3001 setzen den Namen des Tores und der Stätte jeweils in eine eigene Zeile, und auch die anderen Versionen heben die Namen durch Farbwechsel ab, während die LF die Verse einheitlich rot schreibt. *ḫpr kkw* in bezug auf Jenseitsgefilde schon CT V 35c; hier die Finsternis, die nach dem morgendlichen Auszug des Sonnengottes über die Unterwelt hereinbricht, verbunden mit der Neugeburt des Gottes und aller seligen Toten.

Vers 285. Die an dieser Stelle allein erhaltenen Versionen Th III und A II und die beiden Papyri (Jéquier S. 137,4) schreiben *nt dꜣt*, die LF (193,6f.) dagegen einheitlich *m dꜣt*.

Vers 288/289 habe ich mit S. Schott als zwei Nominalsätze aufgefaßt, was sich nicht beweisen, aber nun auch vom metrischen Aufbau her (4 + 5 + 4 Verse) stützen läßt. Noch einmal werden die extremen Stationen des Sonnenlaufes genannt, mit denen sich das Buch beschäftigt hat.

Vers 291. Die beiden Papyri (Jéquier S. 137,8) fügen nach *nṯr pn* noch *ꜥꜣ* ein.

Vers 292 und 293 hat S. Schott, Die Schrift der verborgenen Kammer S. 348—350 überzeugend und mit reichem Belegmaterial gedeutet. Der indirekte Genitiv *n dꜣt* findet sich außer bei U (A III ist nach *štꜣ* zerstört) auch in den Papyri (Jéquier S. 138,1).

Vers 296. Parallelen zu dieser Anweisung über die Unsichtbarkeit des Buches für profane Augen hat Schott a.a.O. S. 350 zusammengestellt.

Nach Vers 300 folgt bei Th III ein Zusatz, der das in Vers 297—299 geschilderte selige Schicksal des wissenden Toten unmittelbar auf den König bezieht: „Der König M. Sohn der Sonne Th. selig ist einer, der diese Bilder kennt. Er wird ein wohlversorgter Verklärter sein. Immer wird er aus- und eingehen in der Dat, immer wird er zu den Lebenden sprechen, dauernd und immerdar."

Konkordanz

zu der vorliegenden Ausgabe und G. Jéquier, Le livre de ce qu'il y a dans l'Hadès

Jéquier Seite . . .	ist Teil III Seite . . . Zeile . . .	= Vers	Jéquier Seite . . .	ist Teil III Seite . . . Zeile . . .	= Vers
37	1,2	1	90	12,7—13,6	135—144
38	1,3	2—3	91	13,7—13,8	145—147
43	1,5—1,7	4—7	97	14,2—14,4	148—150
44	1,7—2,2	7—10	98	14,4—14,8	150—155
45	2,3—2,9	11—17	99	14,8—15,6	156—163
51	3,2—3,5	18—23	100	15,6—16,2	163—170
52	3,5—4,3	23—31	101	16,2—16,9	170—180
53	4,4—4,8	32—38	102	16,9—17,6	180—190
54	4,8—5,2	38—45	103	17,7—17,8	191—193
60	5,4—5,8	46—51	108	17,10—18,1	194—196
61	6,1—6,6	52—58	109	18,2—18,6	197—204
62	6,7—6,11	59—66	110	18,7—19,1	205—212
63	7,1—7,4	67—73	114	19,3—19,5	213—215
68	7,6—7,7	74—76	115	19,6—20,6	216—228
69	7,7—8,1	76—80	116	20,6—20,9	228—232
70	8,2—8,7	81—87	121	21,2—21,5	233—236
77	8,9—9,2	88—90	122	21,6—22,4	237—246
78	9,2—9,8	90—98	123	22,5—22,7	247—249
79	9,8—10,2	98—104	129	22,9—23,5	250—260
80	10,3—10,8	105—111	130	23,6—23,12	261—269
81	10,9—10,10	112—114	135	24,2—24,3	270—272
87	11,2—11,6	115—121	136	24,3—24,10	272—280
88	11,6—12,1	121—129	137	25,1—25,10	281—292
89	12,2—12,7	129—135	138	25,10—26,6	292—300

Konkordanz

zur Kurzfassung und zur Langfassung

Vers ...	entspricht Teil I Seite ..., Zeile ...	Vers ...	entspricht Teil I Seite ..., Zeile ...
1	—	112—114	76,1—2
2—3	1,5/6	115—116	97,4
4—7	2,8—9 = 3,1—2	117	—
8—10	9,5—8	118—123	97,5—9
11—15	22,2—3	124—136	98,4—99,4
16—17	22,6—7	137—144	108,5—8
18—20	23,4—5	145—147	98,1—2
21	—	148—156	117,4—9
22—37	24,2—25,1	157—169	118,4—10
38	43,7	170—178	123,2—5
39	—	179—185	124,4—6
40	43,7	186—187	125,6
41—42	43,7—8	188—189	127,5
43—45	23,7	190	133,3
46—50	44,4—6	191—193	118,1—2
51—61	45,2—8 mit Anm. 11	194—201	134,4—8
62—64	47,3—4	202—210	135,3—7
65—66	50,10	211—212	134,9—135,1
67—68	54,4 = 61,1	213—218	153,4—8
69—71	61,1—3	219—229	154,2—7
72—73	44,7 = 61,4	230—232	153,8—9
74—78	62,4—8	233—237	167,4—7
79—82	63,1—5	238—246	168,1—5
83—85	63,7—8	247—249	167,8—9
86—87	62,9	250—254	179,4—7
88—95	75,4—8	255—265	180,1—4
96—99	76,4—5	266—269	179,8—9
100	—	270—280	192,4—9
101—109	76,6—77,1	281—287	193,4—7
110	83,7	288—300	—
111	77,1		

ZUSAMMENFASSUNG

Die voranstehende Konkordanz zeigt, daß außer der Überschrift (Vers 1) und dem Schlußtitel (Vers 288—300) nur wenige Verse der Kurzfassung keine Entsprechung in der Langfassung (Teil I) haben. Die KF hat, so scheint es, erläuternde und belehrende Vermerke aus dem ausführlicheren Text der LF „ausgezogen" und um wenige Zusätze vermehrt. Was die Konkordanz jedoch nicht zeigen kann, ist die weitere Tatsache, daß nur wenige Verse der KF in Wortlaut und Orthographie mit den entsprechenden Versen der LF völlig übereinstimmen. In der Regel finden sich kleine Varianten, die den Sinn kaum verändern; aber es gibt auch abweichende Zahlenangaben (Vers 180) und Textstellen, die den Sinn ganz anders auffassen als die LF (z.B. Vers 136 und 246) oder konsequent eine andere Orthographie verwirklichen (z.B. Vers 206). Dazu kommt die selbständige metrische Komposition des Textes, die es notwendig machte, Verse gegenüber der LF auszulassen oder einzuschieben. So ist die KF kein mechanischer „Auszug" aus dem Text der LF, sondern eine *Version Abrégée* (so Maspero und Jéquier) und ein selbständiges *Resumé* (so Lefébure) des Amduat.

Der ägyptische Begriff *sḥwj* in der Überschrift kennzeichnet das Wesen der KF. Von einem Verbum mit der Bedeutung „versammeln" abgeleitet, begegnet *sḥwj* in der Fachsprache der Verwaltungsbeamten als Bezeichnung einer bestimmten Listenform, einer listenförmigen, gerafften „Zusammenfassung des Wesentlichen" aus der Fülle einzelner Posten. Thutmosis III. hat zu Beginn seiner Alleinregierung ein „zusammenfassendes Verzeichnis" seiner königlichen Taten anfertigen lassen (Urk. IV 1244, 15 ff.), denn „wenn man (die Taten) von Fall zu Fall namentlich aufzählen wollte, so wären sie zu zahlreich, um sie schriftlich niederzulegen" (ibid. 1245, 1—2). Die Fülle der Taten wird in Form eines *sḥwj* gebändigt und auf das Wesentliche beschränkt. Es hängt wohl mit der Anpassung der Verwaltung an die Forderungen eines Weltreiches zusammen, daß die 18. Dyn. an solchen „zusammenfassenden Verzeichnissen" besonderen Gefallen findet und den Fachausdruck *sḥwj* häufiger verwendet als frühere oder spätere Zeiten. Aus der Fülle dessen „was es in der Unterwelt gibt", aus den zahllosen Namen, Beischriften, Wechselreden und Vermerken der illustrierten LF hat die KF als ein solches „zusammenfassendes Verzeichnis" das zusammengestellt, was dem ägyptischen Benutzer besonders wesentlich schien; das waren vor allem die Vermerke über die Tätigkeit des Sonnengottes, über die Namen der Stunden, Tore und „Stätten" der Unterwelt und über die Nützlichkeit des Buches, welche die LF in der Regel im Prolog der einzelnen Stunden zusammenfaßt. In den meisten Gräbern hat man sich bemüht, die KF so bequem als möglich für den gedachten Benutzer anzubringen. Bei Amenophis II. und wahrscheinlich auch bei Amenophis III. steht sie, bequem zu lesen, über dem Fußende des Sarges, bei Sethos I. und Ramses IV. auf den Wänden rings um den Sarg, bei User ist sie auf zwei Wände der Sargkammer verteilt. Im Grab Thutmosis' III. hat der Eintretende auf den Pfeilern nacheinander ihre beiden Hälften vor Augen, und nur Ramses II. verbannt sie in eine Seitenkammer. So ist der Zweck der KF deutlich: den Verstorbenen „auf einen Blick" über die wichtigsten Gegebenheiten des solaren Jenseits zu informieren, ohne das langwierige Studium der einzelnen Nachtstunden, ihrer zahllosen Gottheiten, Dämonen und Örtlichkeiten. Doch weisen Vermerke in der KF („Wer ihre Namen kennt...") darauf hin, daß auch dieses ausführliche Studium der LF lohnend ist und reichen Nutzen im Leben wie im Tode bringt.

Beide Fassungen waren mehrfach miteinander verzahnt: die Überschrift der KF meint mit „diesem Buch" das ganze Amduat[1], der Titel am Beginn der LF und der Schlußtitel am Ende der KF sind mit ihren je 13 Versen und zum Teil auch in ihrem Wortlaut deutlich aufeinander bezogen. Eine genaue metrische Analyse des ganzen Buches wird vermutlich noch mehr metrische Entsprechungen sichtbar machen. Doch bildet die KF auch in sich eine metrische Einheit, deren Gliederung das Exemplar im Grabe Amenophis' III. und der Pap. Berlin 3001 am klarsten erkennen lassen; nach der Zahl der Verse ergibt sich folgendes Schema für die einzelnen Stunden:

Titel: 3

I:	7 (4 + 3) + 7 (2 + 3 + 2)	= 14	V:	8 (5 + 3) + 9 (4 + 5) + 10 (2 + 4 + 4)	= 27
II:	14 (7 + 7) + 14 (6 + 8)	= 28	VI:	9 (4 + 5) + 8 (3 + 5) + 16 (5 + 6 + 5)	= 33
III:	14 (6 + 8) + 14 (7 + 7)	= 28	VII:	9 (6 + 3) + 8 (2 + 6) + 29 (10 + 9 + 10)	= 46
IV:	5 (3 + 2) + 4 + 5 (3 + 2)	= 14	VIII:	8 (5 + 3) + 9 (5 + 4) + 2	= 19

IX: 6 + 5 + 6 + 3 = 20
X: 5 + 4 + 5 + 3 = 17
XI: 5 + 6 + 5 + 4 = 20
XII: 4 + 5 + 5 + 4 = 18
Schlußtext: 4 + 5 + 4 = 13

Die genauere Differenzierung in der Stropheneinteilung der Manuskripte ist in den Bemerkungen zu den einzelnen Stunden behandelt; für die Zusammenfassung von Versgruppen zu größeren „Strophen" gibt es meist mehrere Möglichkeiten, so daß man die schematische Übersicht auch etwas anders anordnen könnte. In der vorliegenden Form treten die drei Hauptabschnitte und ihre Eigentümlichkeiten jedoch deutlich genug hervor. Die Dreiteilung, die der metrische Aufbau hier zeigt, kehrt in anderer Form in der LF wieder. Nach den Vermerken über die Anbringung der einzelnen Stunden gehören dort die vier ersten Stunden auf die Westwand, die 5. bis 8. Stunde auf die Süd- bzw. Nordwand und die letzten vier Stunden auf die Ostwand[2].

Wann das „zusammenfassende Verzeichnis" des Amduat angefertigt wurde, ist ungewiß. Da sich die älteste Version in der Grabkammer des Wesirs Useramun findet, muß der Auftrag spätestens von oder unter der Königin Hatschepsut (reg. 1490—1468 v. Chr.) erteilt worden sein. Ihr Mitregent Thutmosis III. hat in Gestalt des Götterkatalogs in der Vorkammer seines Grabes (s. Teil I S. XIV Nr. 4) eine weitere listenförmige Zusammenstellung aus dem Amduat vornehmen lassen. Unter den Fragmenten aus dem Grab Thutmosis' I. (reg. 1505—1493) hat sich keine Spur der KF gefunden, doch könnte eine Papyrusvorlage trotzdem schon existiert haben. Da die KF auch dort, wo es der metrische Aufbau nicht erforderte, häufig genug von der LF abweicht, dürfte ihre Zusammenstellung in eine Zeit fallen, in welcher der Text des Amduat noch nicht „kanonisch" bis ins einzelne festgelegt war. Diese Zeit muß vor der Regierung Thutmosis' I. liegen, aus dessen Grab das älteste erhaltene Exemplar der LF stammt. Andererseits sehe ich immer noch keinen Grund, mit der Komposition des Amduat vor den

[1]) Vgl. S. Schott, Die Schrift der verborgenen Kammer (NAWG 1958 Nr. 4) S. 369.

[2]) S. Schott, a.a.O. S. 328 und 332.

Beginn der Hyksoszeit (um 1650 v. Chr.) zurückzugehen. So möchte ich annehmen, daß die KF zwischen dem Ende des 17. und dem Ende des 16. Jahrhunderts v. Chr. zusammen mit oder kurz nach der LF zusammengestellt wurde. Die Geschichte ihrer Einfügung in die Gräber ist ein Teil der Überlieferungsgeschichte des Amduat im Neuen Reich. User und Thutmosis III. empfinden die Hauptabschnitte des Buches noch als weitgehend selbständige Einheiten, die, soweit möglich, in Übereinstimmung mit den Richtungsvermerken auf Wände und Pfeiler der Grabkammer verteilt werden. Amenophis II. und Amenophis III. rollen das Buch als geschlossene Einheit an der Wand ab, vom Titel über die hintereinander folgenden zwölf Nachtstunden und die anschließende Kurzfassung bis zum Schlußtitel. In den ramessidischen Exemplaren ist die Einheit wieder aufgelöst, Bestandteile des Buches werden über das ganze Grab verteilt. Den Papyri der beginnenden Spätzeit dient die Kurzfassung als Ersatz für das ganze Amduat oder zumindest für die Teile, die aus der illustrierten Langfassung des Buches fortgelassen werden.

NACHTRÄGE ZU TEIL II

Seite 1—2. Zur Verteilung des Textes bei Th III vgl. jetzt ergänzend Maystre, RdE 17, 1965, 219f. Der Titel des Buches hat wie der Schlußtitel 13 Verse, deren Reihenfolge in der uns überlieferten Anordnung der Zeilen sicher mit Absicht offenbleibt. Ob es jemals eine Vorlage mit der „richtig"-eindeutigen Anordnung gab, scheint mir sehr fraglich; die Lesung der mittleren Zeilen von oben nach unten ist metrisch kunstvoller (Schema der Hebungen: 2/3/3, 2/2/3, 2/3/2, 2/2/3/3), die waagerechte Lesung inhaltlich überzeugender. Künftige Untersuchungen der Frage werden auf jeden Fall den metrischen Aufbau mit einbeziehen müssen.

S. 3 Bem. 2. In den Sargtexten wird die *ʿt-jmnt* auch CT VII 108r erwähnt (Hinweis D. Müller).

S. 3 Bem. 5. Wegen des rituellen Elementes, das ins Amduat eingearbeitet ist (J. Assmann), wird *jrw* doch besser mit „Das zu Tuende" = „kultische Handlung(en)" zu übersetzen sein.

S. 4f. Bem. 14. „Amduat" hat Piankoff, BIFAO 62, 1964, 147—149 jetzt als allgemeine Bezeichnung für Bücher über das Jenseits nachgewiesen, vergleichbar etwa mit dem Gattungsnamen *sbȝjt* für die „Lehren".

S. 6 Bem. 27. Hier möchte Altenmüller in seiner Besprechung eine Metathesis annehmen, die dann allerdings mit einer Dittographie des Determinativs verbunden wäre. Als dritte Möglichkeit könnte man *mw* als Objekt auffassen: „er durchfährt das Wasser bis zum Wernes".

S. 7 mit Anm. 1. Die Nekropole als „Ort, wo die Götter sind" bereits auf einer Stele der 11. Dyn. aus Ballas (L. Habachi, MDIK 19, 1963, 29 fig. 10 Zeile x + 5), also eine alte Vorstellung; vgl. auch Urk. V 14,5 und 14,14.

S. 7 letzte Zeile lies „äußerste" (Grenze).

S. 8. Die Urfinsternis (*kkw zmȝw*) als Weltgrenze noch in Zeile 11 der Amada-Inschrift Merenptahs (zuletzt ASAE 58, 1964, 275 und pl. I; die Neunbogen, Länder und Fremdländer von Retenu bis zur Urfinsternis zittern vor dem König) und vielleicht auch in Caminos, Literary Fragments pl. 21,4,2 (vgl. S. Schott, BiOr 14, 1957, 209).

S. 10 Nr. 1. *bntj*, mit zwei Pavianen determiniert, bereits CT VII 157a, 157d und 160t belegt (Hinweis D. Müller).

S. 11 Nr. 3. Der *ḏḥḏḥ* — Affe neben anderen Affen jetzt noch H. Junker und E. Winter, Das Geburtshaus des Tempels der Isis (Philae II) 5,29. Eine Göttin *ḏḥḏḥt*, von der Amenemhât III. „geliebt" wird, auf einer Tafel aus den Ruinen des Labyrinths: Petrie, Kahun, Gurob and Hawara pl. 11 Nr. 1; L. Habachi, ASAE 52, 1954, 462 mit pl. XII B.

S. 12 Nr. 13. Vgl. die *wʿt ḥknt-m-bȝ.s* CT VII 20q (Hinweis D. Müller).

S. 12 Nr. 16. Als Personifikation erscheint die *jmnt-wrt* CT VII 53 p und 243e, als Bezeichnung der Unterwelt in einem Hymnus zur 12. Tagesstunde aus Deir el-Bahri (Assmann, Liturg. Lieder I Anh 12. Std. Zeile 23 mit Var.).

S. 16f. Nr. 42. Den Ausdruck *mȝȝ-nfrw-nb.f* kann H. G. Fischer, ZÄS 90, 1963, 38f. in Titeln bereits seit der 5. Dyn. belegen, darunter auch eine weibliche Variante, die mit dem Stundennamen völlig übereinstimmt.

S. 17 Bem. 1. Zu *mꜣꜥtj* vgl. noch W.B. Kristensen, De dubbele gerechtigheid, Jaarboek d. Kon. Nederl. Akad. 1950/51, S. 152—174 (Hinweis bei S. Morenz, Gott und Mensch S. 169 Anm. 282).

S. 18 Bem. 4. und 7. Zu den Zahlen vgl. oben S. 38 zu Vers 19 und 20.

S. 18f. Bem. 8. Die „stichische" Schreibung der Kurzfassung (vgl. oben S. VIIIf.) eröffnet einen neuen Zugang zum Verständnis der „Lücken" in der Langfassung. Eine metrische Analyse auf Grund der Fecht'schen Regeln zeigt, daß die drei „Lücken" im Text des Mittelregisters alle auf einen Zeilenwechsel der Vorlage zurückgehen. Der Text ist zu je 9 (5 + 4) Versen auf die beiden Hälften des Registers verteilt. Die erste „Strophe" (5 Verse, Rubrum) war fortlaufend in drei senkrechten Zeilen geschrieben; das Ende der zweiten vollgeschriebenen Zeile erscheint in allen Versionen, das Ende der ersten nur bei A II als „Lücke". Die beiden folgenden Vermerke über den Namen des Gefildes (schwarz geschrieben) und seines Hüters (rot) standen jeweils in einer eigenen Zeile, die sie nur knapp zur Hälfte ausfüllten (die gleiche Anordnung der Namensvermerke begegnet immer wieder in der Kurzfassung!). Die fünf Verse der nächsten Strophe füllten offenbar nur zwei senkrechte Zeilen ganz aus. Die erste Zeile (2 Verse) wurde in die obere, die zweite (3 Verse) in die untere Hälfte des Registers gesetzt; der Zeilenwechsel erscheint wieder in mehreren Versionen als „Lücke". Die beiden letzten Strophen (2 und 4 Verse) waren offenbar großzügiger verteilt und haben keine „Lücken" hinterlassen. Mit dieser m. E. sicheren Annahme löst sich das Problem, warum die „Lücken" überhaupt und warum sie gerade an diesen Stellen des Mittelregisters auftreten. Ungelöst bleibt die Frage, weshalb in diesen „Lücken" in vielen Fällen tatsächlich Zeichen oder ganze Wortfolgen fehlen, während die „Lücken" der Kurzfassung nur aus freigelassenem Raum bestehen, in welchem niemals etwas zu ergänzen ist.

S. 20 Nr. 44. Zu Hu und Sia in der Sonnenbarke vgl. jetzt allgemein J. Zandee in VERBUM (Festschrift H. W. Obbink, 1964) S. 47—49.

S. 20 Anm. 1. Da einige Übersetzer bei der „Barke der Millionen" immer noch an „Jahre" statt an Personen zu denken scheinen, sei auf den eindeutigen Beleg Roeder, ASAE 52, 1954, 334 (Stele Merenptahs in Hermopolis, Zeile 7) verwiesen: „Re ... in der Barke der Millionen, die ihn anbeten (*dwꜣw.sw*)". Schon im Zweiwegebuch (CT VII 405 bc) erscheinen die „Millionen" des Jenseits in Parallele zum „Hofstaat" (*šnwt*). Ein ramessidischer Brief an ein Orakel nennt die *dꜣt n(t) ḥḥw* „Unterwelt der Millionen" (Barns, JEA 35, 1949, 70 und pl. VI vs. Zeile 6), und in ptolemäischer Zeit ist Osiris der, „zu dem Millionen rufen" (*njsw n.f ḥḥw*: Dendara IV 266) und der Sonnengott „leitet die Millionen im Westhorizont" (Edfou III 227). So kann an der Deutung der *wjꜣ-n-ḥḥw* kein Zweifel bestehen.

S. 21 oben. Die Dissertation von Sch. Allam ist inzwischen als Heft 4 der Münchner Ägyptolog. Studien erschienen (1963); die angeführte Stelle dort S. 118—120.

S. 22 Nr. 48. *kꜣ-mꜣꜥt* ist vor allem ein Beiname des Thot, s. Assmann, Liturg. Lieder I Anh 1. Std Anm. 8 (seit CT IV 21 c). Zu Thot in der Sonnenbarke vgl. zuletzt Zandee in VERBUM (Festschrift Obbink) S. 58 mit Anm. 73.

S. 22 Nr. 49. Belege aus den Sargtexten für Seth in der Sonnenbarke gibt Zandee, ZÄS 90, 1963, 151f.

S. 24 Nr. 63. Die „Zauberstäbe" des Mittleren Reiches sind jetzt in einer Münchner Dissertation (1964) „Die Apotropaia und die Götter Mittelägyptens" von H. Altenmüller untersucht worden.

S. 25 Bem. 4 und 5. Die von H. Altenmüller vorgeschlagene Metathesis wird durch den metrischen Aufbau bestätigt; der zweite Vers lautet demnach *jrr.f-ḫprw m-ꜥr* „er verwandelt sich in die Widdergestalt". Vorher ist der Sonnengott in seiner falkenköpfigen Tagesgestalt zu denken. Die ersten drei Verse dieses Textes gehören noch zur gleichen Strophe wie die letzten zwei Verse in der oberen Hälfte des Mittelregisters.

S. 25 Bem. 10. In der ungewöhnlichen Stellung von *mj-qd-pn* möchte man zunächst eine Metathesis annehmen, doch ergibt der Text in der vorliegenden Form einen besseren Aufbau der Strophe, mit 2/3/3/2 Hebungen (sonst 5 Verse mit je 2 Hebungen und insgesamt 19 Verse, was weniger befriedigt).

S. 28 Nr. 85. Wohl besser *bjsj* zu umschreiben, s. H. Brunner, Die Geburt des Gottkönigs S. 105 Anm. 2. Ein gleichnamiger Dämon bereits CT VII 335 d.

S. 29 Nr. 92 und 93. Die beiden Gottheiten kommen schon CT I 382 ab nebeneinander vor. Einzeln werden beide noch mehrfach in den Sargtexten genannt (Hinweis D. Müller).

S. 30 Nr. 95. Vgl. die entsprechenden Bildungen *mr(t)-tkꜣ.s* (Pap. Salt 825 XII 3 von Sachmet) und *mr(t)-rkḥ* Edfou I 315,4 (s. Derchain, pSalt S. 177 Anm. 141).

S. 30 Nr. 97. Eine gleichnamige Göttin CT IV 31 hi (D. Müller).

S. 31 Nr. 105. *ḥknw-rꜥ* begegnet CT IV 196/197 c als Name eines Gottes in der Barke, s. Heerma van Voss, De oudste versie van Dodenboek 17a, S. 57 (außerdem noch CT VI 301 b). Personennamen der Form *ḥknw* + Gottesname sind seit dem Alten Reich belegt, vgl. Junker, Gîza XII S. 113f.

S. 32 oben. Im *hnw*-Gestus schlagen natürlich *beide* Fäuste oder Hände alternierend die Brust, vgl. zuletzt A. Hermann, ZÄS 90, 1963, 51.

S. 33. Eine metrische Analyse läßt den kunstvollen Aufbau des Schlußtextes deutlich werden, den ich bei meiner Übersetzung noch nicht berücksichtigen konnte. Der Sonnengott redet die Wesen in 14 + 10 Versen an, sie antworten ihm in 10 + 14 Versen; die erste „Strophe" gliedert sich in 2 + 2 + 3 + 2 + 2, die zweite in 2 + 3 + 2 + 3 Verse, die Antwort der Wesen in 2 + 3 + 3 + 2 bzw. 4 + 2 + 3 + 2 + 3 Verse. Die schwarz geschriebenen Wechselreden sind von rot geschriebenen Vermerken eingerahmt, die man offenbar nicht als Verse mit zu den „Strophen" gezählt hat. Die „Lücken" stehen hier wieder in regelmäßigen Abständen vor allem in der zweiten und dritten Strophe, der enge Abstand deutet auf relativ kurze Zeilen der Vorlage (über Darstellungen?) hin. In den übrigen Strophen tritt jeweils genau in der Mitte eine „Lücke" auf. Wo in den „Lücken" wirklich etwas fehlt, können es wegen des strengen metrischen Aufbaus nur wenige Zeichen sein.

S. 35 Bem. 14. Auf Schu als *sfg-jrw* in den Sargtexten (CT I 316b und 405b) weist Faulkner, JEOL 18, 1965, 266 hin.

S. 36 Bem. 17. Hier beginnt eine dichte Folge von „Lücken" in relativ kurzem Abstand, der sicher einer Zeilenlänge der Vorlage entspricht. Die beiden ersten Verse dieser Strophe („Öffnet mir . . .") standen jeweils in einer eigenen Zeile, die dritte Zeile begann mit *nṯrwt.j* und endete bei dieser Lücke, in welche die von J. Assmann (Liturg. Lieder I 4 Anm. 15) vorgeschlagene Ergänzung „aus meinem Leichnam" (statt *ẖꜣt.j* wäre auch *ḥꜥw.j* o. ä. möglich) der Länge und der Zahl der Hebungen nach durchaus paßt. Ob unter den relativ kurzen Zeilen der Vorlage Darstellungen standen? Das würde gut zu der Tatsache passen, daß in dieser Strophe die Göttergruppen der ersten Stunde direkt angesprochen werden. — Zur Konstruktion *sw sḏm.f* vgl. jetzt noch H. Brunner, Geburt des Gottkönigs S. 173—175.

S. 36 Bem. 19. Die Lücke an dieser Stelle geht wieder auf den Zeilenwechsel der Vorlage (s. oben) zurück und hat mit einer Umdeutung des *mjnj* als *mn* „Der und der" (so Altenmüller) nichts zu tun. Nicht erklären kann ich einstweilen, weshalb A II und andere Versionen nur in einigen der „Lücken“ wirklich etwas auslassen.

S. 36 Bem. 29. Die *njwt-wrt* „Große Stadt“ erscheint bereits Pyr. 2108b und mehrfach in den Sargtexten (CT I 280e; V 370c; VI 102h; VI 408k).

S. 40 (Inhalt). Das „Zwischenreich“ wird auch im Text zum Himmelsbild im Osireion greifbar; dort heißt es (EAT I 62f. mit pl. 48), daß Re sich (erst) in der zweiten Nachtstunde in der Dat niederläßt.

S. 46 Bem. 10. Vgl. noch Pfb II 60 die Bäume der Unterwelt, unter denen die Seligen stehen!

S. 47 Nr. 138. Heerma van Voss, Oudste versie van Dodenboek 17a, S. 78 vergleicht damit die Bezeichnung *b3wj.f(j)* für Re CT IV 276/277a. In „Ägyptische Höllenvorstellungen“ hoffe ich diese eigenartige Gestalt durch eine Glosse aus Tb 17 verständlich zu machen.

S. 48 Nr. 145 und 146. Vgl. die *ḥrjw-ḫndw m ˁt-jmnt* CT VI 176j (Hinweis D. Müller).

S. 54 Nr. 185. Der „Eselverschlinger“ mit deutlichem Determinativ bereits CT III 169h (D. Müller).

S. 55 unten mit S. 57 Bem. 18. Ich habe, worauf mich A. Piankoff hinweist, bei meiner Übersetzung das *ḫr.f* nicht berücksichtigt; es muß also S. 55 in der untersten Zeile heißen: „Es (das ‚Fleisch‘) hat sich erneuert durch ihn (die Urfinsternis)“, in Anspielung auf die nächtliche Regeneration. Die Schreibung mit den drei Sicheln, die ja auf eine Endung *-w* deutet, läßt sich m. E. besser mit *m3wj* „sich erneuern“ als mit *m33* „sehen“ (so Piankoff) verbinden.

S. 56 Mitte mit S. 60 Bem. 56/57. Auch hier verdanke ich A. Piankoff eine Verbesserung meiner Übersetzung, ohne seinem Vorschlag ganz folgen zu können. *ˁn* muß wegen des Determinativs und der Variante bei U Ortsadverb sein (Wb I 187, 11), und ich möchte jetzt übersetzen: „Wenn ich hier bin, ist der Tag hinter mir in der Dat; wenn ich die Nacht durchwandle, vertreibe ich die Finsternis“, während Piankoff den Anfang durch „Des Tages bin ich droben (im Himmel), während mein Gefolge in der Dat bleibt“ übersetzen will. Aber das Gefolge der seligen Toten will den Sonnengott ja auch tags am Himmel begleiten!

S. 65 Nr. 197. CT VII 470c erscheinen *nh3w* als gefährliche Wesen, allerdings nur in der Version von B3C so geschrieben.

S. 66 Nr. 204. Da *wr-ḥk3w* sonst häufig einen Stab mit Widderkopf bezeichnet (s. z.B. Blackman u. Fairman, JEA 32, 1946, 82f. Bem. 40), wird wohl auch hier das ganze Gebilde so genannt sein.

S. 69 Nr. 236. *ds* „abschneiden“ ist als Verbum bereits in den Sargtexten belegt (CT VI 283b — Hinweis D. Müller).

S. 69 Nr. 237. *m3wtj* „Strahlender“ ist mit dem Determinativ ☉ in Zeile 34 der ersten Sonnenlitanei als Name des Sonnengottes belegt, s. Piankoff, The Litany of Re, Taf. 1 Zeile 95 (Th III) und Taf. 5 (S II).

S. 72 Nr. 259. Die *3gb*-Flut begegnet als bedrohliche Gewalt und „Abscheu“ des Toten im Zweiwegebuch (CT VII 413bc).

S. 74 Nr. 277. Von E. Brunner-Traut, Spitzmaus und Ichneumon als Tiere des Sonnengottes (NAWG 1965 Nr. 7) S. 152 als *ḫ3trj* „Ichneumon“ gedeutet; durch Schreibung, Falkenkopf bei Petamenophis und die vorangehende Partnerin mit den beiden Pupillen ist diese Deutung überzeugend begründet.

S. 74, 4. Zeile von unten. Statt „die Gestalten“ lies „deine Gestalten“.

S. 75 Bem. 8. Die beiden Verse *ḥ'j b3.k ... w3t kkw* kehren verderbt im Sonnenhymnus Pap. Berlin 3050 wieder, wie Assmann, Liturg. Lieder II 2 Anm. 5f. nachweist.

S. 76 Bem. 17. Zum Liedanfang *nfrwj m33* vgl. jetzt Assmann a.a.O. I Anh 1. Std Anm. 3 mit Parallelen seit Pyr. 476a.

S. 76 Bem. 18. Schott, Der Denkstein Sethos' I. (NAWG 1964 Nr. 1) S. 29 übersetzt hier „die an Erscheinungen finstere (sc. Unterwelt)".

S. 76 Bem. 19. Piankoff, BIFAO 62, 1964, 211 möchte „Chepri, Schwimmender der Götter" übersetzen, doch haben wir in der angeführten Belegstelle Frankfort, Cenotaph of Seti I. pl. 81 ein anderes Determinativ von *nbj* und einen anderen Zusammenhang, ebenso CT IV 294/295b.

S. 81. Zum ersten Vers und seiner Übersetzung vgl. oben S. 41 Vers 74.

S. 82 Bem. 11. Zur *jmḥt* vergleicht Goedicke, JEA 51, 1965, 33 das unklare *jmḥw* Pyr. 239a. In den Sargtexten wird sie mehrfach erwähnt: ihre Wege CT IV 89g, ihr Tor CT IV 344c und VII 26a. Statt der üblichen aktiven Übersetzung „die Tränkende" möchte ich „die (immer wieder) Gefüllte" vorziehen, vgl. die oben S. 60 angeführten „Millionen", die das Jenseits bevölkern; zum *j*-Augment im Part. ipf. pass. von 2 rad. Verben vgl. Edel, Altäg. Gramm. § 642 und zum „Füllen" (*mḥ*) eines Ortes mit Menschen Wb II 117,13.

S. 83 Pforte. Den Namen der ersten Pforte am Sandweg möchte ich jetzt besser als „Schneidendes der Landestelle" übersetzen, da das Substantiv *ẓm3-t3* sowohl Pyr. 1187b (s. Sethe, Kommentar V 79) als auch Bauer R 44 eindeutig als „Landestelle" belegt ist. Schon Vogelsang hat in seinem Kommentar zu Bauer R 44 (Untersuchungen VI 39) auf das Amduat verwiesen, jedoch noch etwas unscharf „Uferrand" übersetzt. Die Hütte des Thotnacht steht auf dem äußerst schmalen *ẓm3-t3* des Wegrandes (*r3-w3t*, vgl. oben S. 42 Vers 82); das *ẓm3-t3* unterbricht also die Uferböschung, liegt direkt am Kanal (eine Seite ist unter Wasser!) und kann vom Oasenbewohner offenbar nicht umgangen werden, weil sein „öffentlicher Weg" jenseits des Kanals weiterführt. So kann *ẓm3-t3*, das als Verbum ja auch „landen" heißt, dem Zusammenhang nach nur die „Landestelle" für das Übersetzen über den Kanal sein, wie schon Suys, Fellah plaideur S. 7 richtig übersetzt hat („embarcadère"). Diese Bedeutung paßt auch hier: die Sonnenbarke muß nach ihrer Wasserfahrt durch die drei ersten Stunden am Anfang der 4. Stunde „landen", um auf dem Sandweg des Sokarlandes weitergezogen zu werden. Diese Landestelle der Sonnenbarke wird durch die erste Pforte abgeschlossen und von Schlangen bewacht.

S. 87 Nr. 310. Das Rätsel dieser eigenartigen Dämonengestalt und ihres Namens hat sich inzwischen durch einen Vergleich mit der Sonnenlitanei gelöst. Dort erscheint unter den Götterfiguren eine Gestalt, welche die gleichen „arterienartigen" Fortsätze auf dem Rumpf trägt (Piankoff, The Litany of Re S. 13 Nr. 71 mit Fig. B). Sie heißt *jnṯtj* „Fesselnder" (Wb I 102,15 und zum Verbum *jnṯ* Amduat II 57 Bem. 11) und hat somit die Funktion, die Verdammten mit Stricken zu fesseln, wie es hier im Amduat z.B. der Dämon *njkw* (Nr. 499) im oberen Register der 7. Stunde tut. Jener Dämon trägt die Stricke als sein Attribut in der Hand, dieser hier an Stelle des Kopfes, denn die beiden Fortsätze können nichts anderes als Stricke sein. Trotz des ungewöhnlichen Determinativs wird auch das *db3t.f* in seinem Namen auf die Stricke anspielen, da *ḏb3* bzw. *db3* als Bezeichnung für alle möglichen Gewebe und Geflechte belegt ist (Wb V 560). Also ein neues, höchst gewagtes Beispiel für die Austauschbarkeit von Kopf und Attribut, die für das ägyptische Gottesbild so bezeichnend ist!

S. 91 oben. H. Kees hat mich kurz vor seinem Tode brieflich gewarnt, als Objekt des „Ziehens" die Sokarbarke anzunehmen, da diese ja gerade nicht in der Nekropole, sondern beim Umkreisen der Mauern von Memphis gezogen wurde. Daher ist *r3-st3w*, trotz der Zustimmung von Derchain, BiOr 21, 1964, 303, vielleicht doch nicht der „Ziehort" selbst, sondern lag am „Rande" des Ziehortes, vgl. zu dieser Bedeutung von *r3* in Ortsnamen oben S. 42 Vers 82.

S. 97 Nr. 347. Zu *ḏsr* vgl. jetzt oben S. 42 Vers 79—82. Hier soll der Schlangenarm wohl „abgeschirmt" werden.

S. 98 Bem. 3. D. Müller liest *nmtjw* auch CT III 335h.

S. 103 Nr. 385. Zum „befehlenden" Gott unter den „Herren des Bedarfs" s. jetzt Zandee, VERBUM (Festschrift Obbink) S. 65: „Der Befehl ist identisch mit dem Korn und mit der Nahrung, die vom Schöpferwort erzeugt werden".

S. 103ff. Die Darstellungen des unteren Registers hat S. Schott, Zum Weltbild der Jenseitsführer des neuen Reiches, NAWG 1965 Nr. 11 neu und überzeugend gedeutet. Das in der Unterwelt gegenwärtige Chaos des Uranfangs ist in eine riesige, gefahrdrohende (vgl. die Donnergeräusche!) Höhle gebannt, die durch den Isiskopf „versiegelt" und zugleich personifiziert ist. Die Sonnenbarke wird über die Höhle und über den „Feuersee" hinweggeleitet. Der dämonische „Herr der Urbereiche", für den Schott auf Parallelen verweist, wird von den Akerlöwen im Oval zusätzlich gebändigt; als geflügelte Schlange ist er „im 'Oval' aus Sand vergraben, als Rest der Urzeit, der im Chaos verharrt und hier als Sokar erklärt ist" (Schott S. 194).

S. 103 Bem. 3. Die Verbindung zwischen Seth und Nehes ist schon CT VII 250p zu belegen, s. Zandee, ZÄS 90, 1963, 154.

S. 110 Bem. 3. Berichtigt oben S. 44 Vers 119.

S. 117f. Zur Frage der „Identität" des toten Königs mit Osiris s. E. Hornung, Geschichte als Fest (Darmstadt 1966) S. 24f.

S. 119 Nr. 446—449. *ḥtptjw* erscheint auch sonst als Bezeichnung für selige Tote, etwa Pfb II 110 neben *m3ʿtjw* oder CT V 55c neben *nṯrw*.

S. 119 Nr. 458. Weitere Belege für den Beinamen *ʿš3-ḥrw* gibt L. Kákosy, ZÄS 90, 1963, 67 für verschiedene Gottheiten (spät auch für Osiris bezeugt).

S. 120 Nr. 460 und 461. Im zentrierenden Aufbau des unteren Registers entspricht dieses Krokodilpaar dem Gott des Urgewässers am rechten Ende; vgl. jetzt L. Kákosy, MDIK 20, 1965, 116—120 zum Krokodil als Verkörperung des Urgewässers, in dem sich der Tote verjüngt.

S. 120 Nr. 463. Zwei mögliche Belege für *hm* als verbum simplex bei Faulkner, JEA 50, 1964, 35.

S. 121 Nr. 472. Eine Schlange mit den vier Horussöhnen ist auch in einem Papyrus der 21. Dyn. dargestellt, s. Piankoff, ASAE 49, 1949, 137 mit pl. XIf. Bei der Bekämpfung des Apophis spielen die Horussöhne schon im Zweiwegebuch eine Rolle (CT VII 456f.), vgl. Zandee, ZÄS 90, 1963, 151f.

S. 124. Zur Vereinigung von Re und Osiris, die auch im Ritual vollzogen wurde, vgl. zuletzt Derchain, pSalt S. 35—37 und 153—156. Weiteres Material bei Assmann, Liturg. Lieder I 3 Anm. 4, der sich mit Recht gegen die Bezeichnung „Synkretismus" für diese Erscheinung wendet; es muß der Unterschied in der Terminologie beachtet werden (*ḥtp m*, *b3-dmḏw* u. ä.), eine synkretistische Namensbildung *rʿ-wsjr* ist bisher nur für die 21. Dyn. belegt.

S. 125 Bem. 1. Eine *tpḥt-nt-wsjr* bereits CT II 247b (Hinweis D. Müller).

S. 126 Bem. 7. *hjw* und Apophis werden schon im Zweiwegebuch nebeneinander genannt (CT VII 376 ab).

S. 128 Nr. 495. Auch der *mds-ḥr* ist schon aus dem Zweiwegebuch bekannt (als Hüter eines Gewässers CT VII 309b und 510c).

S. 131. D. Müller verdanke ich den Hinweis, daß die Gestalt des *ḥkꜣw-smsw* ebenfalls auf das Zweiwegebuch zurückgeht; die richtige Schreibung findet sich zwar nur CT VII 457j, doch wird er auch CT VI 99d und VII 466b gemeint sein.

S. 132. Die „Sandbank des Apophis" ist, worauf mich S. Morenz hinweist, bereits in der Ersten Zwischenzeit belegt. In dem Text bei Vandier, Mo'alla S. 220 (IV 10) betont Anchtifi, daß er für seine Untertanen gesorgt hat, „als [jedermann starb] vor Hunger auf dieser Sandbank des Apophis".

S. 134 unten. Die Köpfe auf den „Kästen" sind sicher als Personifikationen der Gräber zu verstehen, vgl. den Nachtrag zu S. 146.

S. 135 Bem. 3. Als Verbum der Bewegung vielleicht *m(j)ḥw* zu lesen, vgl. Wb II 126, 16—19; die Übersetzung bleibt jedoch fraglich.

S. 138 Nr. 545 und 546. *wnmjtt* und *ḥrjt-kꜣw* erscheinen als Paar unter neun Uräen Livre du jour 27. Daher ist Nr. 545 besser als „Verzehrende" zu übersetzen. *ḥrjt-kꜣw* ist als Name einer Göttin seit der 5. Dyn. belegt, häufig als Bezeichnung der Uto, später auch für Hathor, vgl. Barguet, RdE 9, 1952, 15 Anm. 7 und Abd el Hamid Zayed, ASAE 55, 1958, 133—135.

S. 145 Nr. 568. Der Ichneumon-Gott trägt den Kopf einer Spitzmaus, s. E. Brunner-Traut, Spitzmaus und Ichneumon als Tiere des Sonnengottes (NAWG 1965 Nr. 7) S. 151. Die Spitzmaus (blind-unterirdisch) gehört allerdings gerade zur Mumiengestalt des Gottes (ibid. S. 156 nach dem Hymnus aus Kôm Ombo) und ist damit hier am Platze.

S. 145 Nr. 569. *jffj* „Wels" ist im Alten Reich als Personenname (Ranke, Personennamen I 24 Nr. 25; Variante *ffj* ibid. 142 Nr. 8) und in Ortsnamen belegt.

S. 146, 3. Szene. D. Müller hat richtig erkannt, daß die Menschenköpfe nicht „aufgespießt" sind, sondern die Personifikation der -Zeichen andeuten und daher beim Nahen des Sonnengottes sichtbar werden. Die gleiche Funktion hat der Menschenkopf auch auf dem Stab, den der Ka hinter dem König trägt, auf den Landepflöcken im Bestattungsritual, auf den Göttergräbern der 7. Stunde, usw. Die „Vermenschlichung der Mächte" (S. Schott) am Beginn der Geschichte führt dazu, daß sich auch heilige Gegenstände in dieser Form personifizieren.

S. 149 Nr. 603. Vgl. den Nachtrag zu S. 178.

S. 150 Nr. 608. Vgl. den ebenfalls krokodilköpfig dargestellten *sbq-rꜣ* Pfb III 140.

S. 151 (Inhalt). S. Morenz, Die Heraufkunft des transzendenten Gottes S. 34—38 weist darauf hin, daß diese „Bildtheologie" erst seit der 17. Dyn. greifbar wird — ein weiteres Indiz, daß das Amduat nicht vor der Zweiten Zwischenzeit entstanden ist, auch wenn es ältere Vorstellungen mit verwendet hat.

S. 156 Nr. 635. *nbt-šꜥt* wird CT IV 98d das Horusauge genannt (Hinweis D. Müller).

S. 157 Nr. 664. Vgl. Clère, BiOr 5, 1948, 28 links (Baltimore 159A).

S. 159 Nr. 689 und 690. Übersetzung besser „Der Kluge (?) ist gemacht" bzw. „Der Heilige ist gemacht", wenn *jrjw* Pseudopartizip ist.

S. 161 Bem. 6. Zur Übersetzung vgl. jetzt oben S. 50 Vers 239.

S. 162 Bem. 12. Vgl. oben S. 50 Vers 246.

S. 163f. Aussagen des Neuen Reiches, wonach der Sonnengott die Unterwelt mit seinen Augen erleuchtet, hat Assmann, Liturg. Lieder I 3 Anm. 3 zusammengestellt.

S. 164f. Die Beziehung der Sachmet zum Horusauge war mir bisher fremd, doch fand ich nun in der Sammlung Föhr (Niederdollendorf bei Bonn) ein spätes Amulett, auf dem Sachmet in jeder ihrer erhobenen Hände ein Horusauge trägt. Mit einem einzigen Horusauge ist sie auch Reisner, Amulets II Nr. 12794 dargestellt, und sicher gibt es noch mehr Parallelen. Als Gottheit, welche Krankheiten sendet und heilen kann, ist Sachmet zur „Heilung" des verletzten Horusauges berufen!

S. 165 Nr. 710. Die „Arme" des Dämons sind in Wahrheit Stricke, mit denen er sich an der „Bestrafung" der Verdammten („Feinde") beteiligt, vgl. den Nachtrag zu S. 87 Nr. 310.

S. 166 Nr. 717. A. Hermann, Altägyptische Liebesdichtung S. 21 Anm. 63 will den Namen als „Horus, der vor seiner Menit ist" deuten, doch ist die Menit bisher nicht vor dem Mittleren Reich belegt, während der Name bereits in den Pyramidentexten vorkommt. Aus den Sargtexten hat mir D. Müller eine ganze Reihe von Belegen nachgewiesen, in den Unterweltsbüchern begegnet er auch Pfb I 98.

S. 170 Bem. 6. Der Vers „Ihre Arme sind bei ihren Gesichtern" findet sich isoliert auf dem Sarkophag Ramses' IV. (Schmalseite am Kopfende: Lefébure, Tombeau de Ramsès IV, pl. XXVIII).

S. 170 Bem. 9. Vgl. den Spruchtitel in den Sargtexten (Spruch 373, CT V 35) „Luft einzuatmen im Wasser"!

S. 172 (Inhalt). Vgl. jetzt noch das Stichwort „Ertrinken" im Reallexikon für Antike und Christentum (A. Hermann). Dort ist auch auf Pap. Ebers 30,6f. verwiesen, wo die Schiffsmannschaft des Re einen Haufen von Köpfen aus dem Wasser fischt (Spalte 378).

S. 174 Bem. 3. Verbessert oben S. 51 Vers 254.

S. 175 Nr. 755 und 756. Das komplexe Bild der geflügelten Schlange und des Atum-Bildes ist von S. Schott, NAWG 1965 Nr. 11 S. 193f. als einheitliches Wesen gedeutet worden, welches Sonnen- und Schlangenaspekt des Urgottes vereint; Füße und Flügel deuten auf die Fähigkeit zur Fortbewegung. Eine weitere Deutung dieser Szene haben wir von W. Westendorf zu erwarten.

S. 175f. Nr. 757. Die auf der Schlange (*ḏt*) hockende Göttin personifiziert die Zeit (*ḏt*, zur Übersetzung und Deutung oben S. 51 Vers 257), aus der die Nachtstunden hervorgehen, und in die sie wieder zurückkehren. Die „Geburt" der Stunden bzw. Sterne ist in den Dekantabellen der Frühaufgang der Dekane, der spätestens in der Ramessidenzeit durch ein neues System zur zeitlichen Orientierung am Nachthimmel (Durchgang durch den Meridian) abgelöst wird, vgl. BiOr 22, 1965, 269.

S. 177 Nr. 762ff. Zu armlosen Gottheiten vgl. J. Settgast, Bestattungsdarstellungen S. 52; Pfb II 33ff. und G. Roeder, Festschrift Grapow S. 276. Zu Nr. 765 vgl. auch CT III 98 m.

S. 177, 5. Szene. Die Schlangen deuten wohl darauf hin, daß es sich bei dem „Wind" in der Unterwelt um einen sengenden Feuerhauch handelt, der den Verdammten ins Gesicht weht. Einen solchen Wind setzt Pap. Salt 825 VIII 4 voraus, vgl. Derchain, pSalt S. 173 Bem. 102.

S. 178, 2. Szene. Der *mḥn-tȝ* ist besser als „Erdumringler" zu übersetzen, mit L. Kákosy, Oriens Antiquus 3, 1964, 19 Anm. 26. Er ist der die Erde = Unterwelt umringelnde Uroboros, in welchem sich der Sonnengott und sein Gefolge verjüngen; daß *mḥn* in der 18. Dyn. den Uroboros bezeichnen kann, zeigt die von Piankoff, JEA 35, 1949, 113ff. behandelte Darstellung auf dem zweiten Schrein Tutanchamuns. Kákosy verweist a. a. O. noch auf das Fortleben dieser Vorstellung bis in die gnostische Pistis Sophia hinein.

S. 180 Nr. 801. In der Frühzeit erscheint eine Göttin *dšrt* mehrfach in Personennamen, s. Kaplony, Inschriften der äg. Frühzeit I 574, 626 und 667; zur *njt-dšrt* ibid. 454, 464 und 667.

S. 187 Bem. 4. Weitere Belege für die Verbindung von Türkis und Sonnenaufgang gibt Assmann, Liturg. Lieder I Anh 9. Std Anm. 5.

S. 187 Bem. 5. Auch für den Ausdruck *ḫꜥj m jrtj* kann Assmann a.a.O. I 2 Anm. 2 auf eine Reihe weiterer Belege hinweisen; er sieht darin die Parusie des Göttlichen für die „Gemeinde".

S. 188 Nr. 844. D. Müller weist mich auf die leider fragmentarische Stelle CT VII 244x hin, wo jedenfalls noch keine Personifikation vorliegt.

S. 188 Nr. 845. Wb III 180,10 liest fälschlich nur *ḫknw*, richtiggestellt bei Heerma van Voss, Oudste versie van Dodenboek 17a, S. 57 Anm. 103.

S. 191, 1. Szene. Amun und Amaunet fehlen unter den Urgottheiten, da sie erst in der 26. Dyn. in die „Achtheit" eingereiht werden! Vgl. dazu, gegen Sethe, Wainwright in JEA 49, 1963, 22. Der Sonnenaufgang als *ẕp-tpj*, also mit der Schöpfung identifiziert, auch EAT I, Text H.

S. 192 Nr. 892. Zum vogelgestaltigen *nḥj* s. Schulman, JNES 23, 1964, 275—279 mit pl. I—III; das Amduat fehlt in seiner Dokumentation, die im übrigen von den Pyr. bis in ptolemäische Zeit reicht.

S. 192, 3. Szene Bem. 1. Als Übersetzung für *ḥꜣ ẕp 2* schlägt (Piankoff folgend) Assmann, Liturg. Lieder I 2 Anm. 9 „rings um . . ." vor und weist auf zahlreiche weitere Belege für den Ausdruck hin.

S. 193 Nr. 901/902. Zur engen Nachbarschaft der Begriffe „Umfangen" und „Tragen" im Kult vgl. H. Bonnet, MDIK 17, 1961, 94f.; für Würdenträger ist das „Umfangen" des Kultbildes ein symbolisches „Tragen".

S. 193 Nr. 905. Für den Ausdruck *ꜣḫ-rꜣ* gibt E. Otto, Gott und Mensch nach den ägypt. Tempelinschriften der griech.-röm. Zeit S. 76f. zahlreiche Belege aus späterer Zeit und übersetzt dort „mit nützlichem Mund". Der Ausdruck ist seit CT III 319n und VI 327b belegt.

S. 193, 4. Szene. Ph. Derchain, CdE 39, 1964, 182 verweist dazu auf die Mumie mit Sonnenscheibe auf einer gnostischen Gemme in Athen. Das „Verbergen" des Bildes meint wahrscheinlich wieder das Begräbnis, das Horus als treuer Sohn des Toten vollzieht.

S. 194 Anm. 10. Vgl. noch S. Morenz, Ägyptische Ewigkeit des Individuums und indische Seelenwanderung, Asiatica (Festschrift F. Weller, 1954) S. 414—427.

Ein eingeschobenes Textstück aus der 8. Stunde der LF, das sich am Kopfende des inneren Sarkophag-Deckels des Merenptah (Halle J seines Grabes) zwischen Pfortenbuch-Texten befindet und bereits Pfb I 68 Anm. 1 kurz erwähnt ist, habe ich erst jetzt (September 1966) abschreiben können. Es bietet eine Parallele zu Teil I 141,6—9 (Beischrift zur Sonnenbarke) mit der Sinnvariante *m sšmw ꜥꜣ n mḥn* „im großen Bild der Ringelschlange" und mit einigen orthographischen Varianten. Außerdem konnte ich einige kleine Fragmente Sethos' I. aus dem Schlußtext der 1. Stunde aufspüren, die bei der Restauration der Sargkammer-Rückwand seines Grabes verstreut wurden und in meiner Edition noch nicht berücksichtigt sind. Ich hoffe, bei anderer Gelegenheit darauf zurückzukommen.

INDICES

1. Namen von Gottheiten und Örtlichkeiten

Zur Auswahl vgl. die Vorbemerkung Teil II S. 196. Die Zahlen beziehen sich auf die Verse der Kurzfassung.

2. Lexikalisches

Die Zahlen sind Seitenzahlen.

TAFELN

a User: Ausschnitt aus der 11. und 12. Stunde der LF und Vers 131—195 der KF.

b Ramses II.: Beginn der KF.

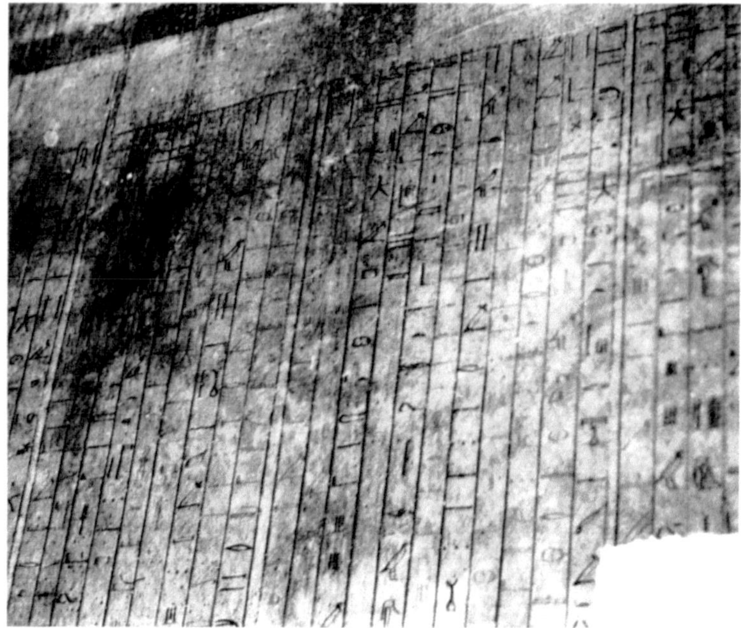

a Amenophis III.: 7. bis 10. Stunde der KF (Ausschnitt).

b Amenophis III.: 7. bis 9. Stunde der KF (Ausschnitt)

a Sethos I.: Vers 46—68 der KF über 2. Stunde der LF.

b Sethos I.: Vers 92—107 der KF.

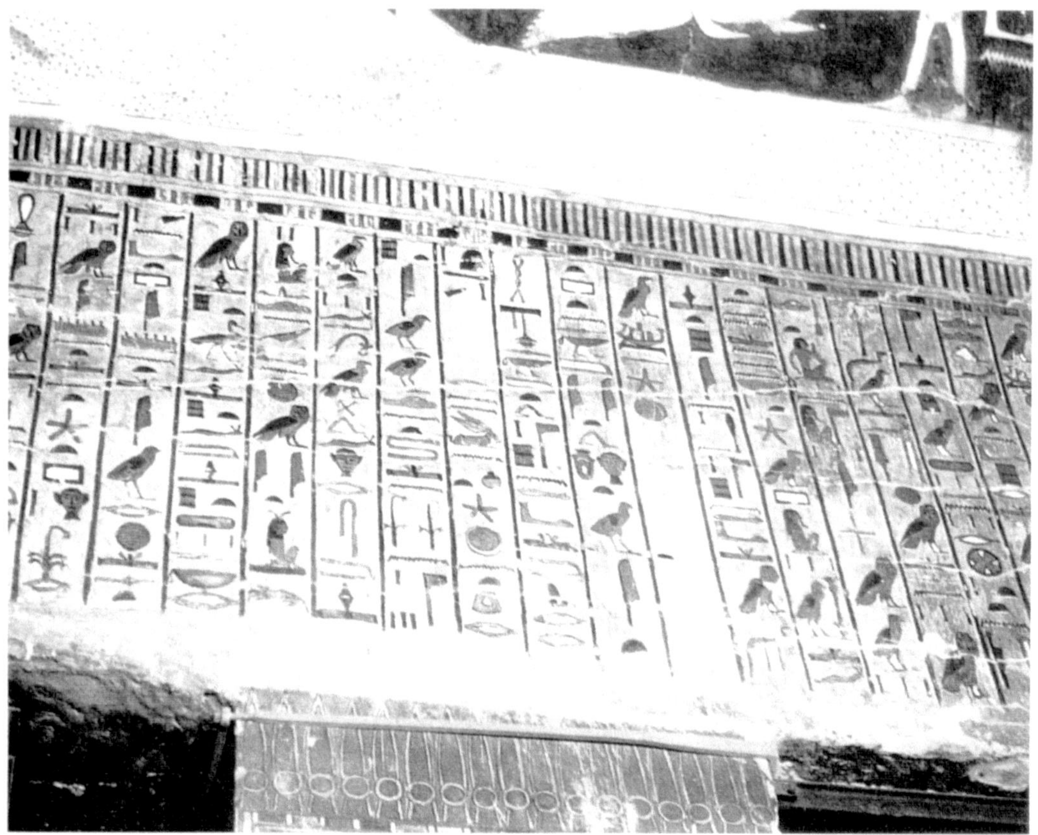

a Sethos I.: Vers 105—119 der KF.

b Sethos I.: Vers 132—149 der KF.

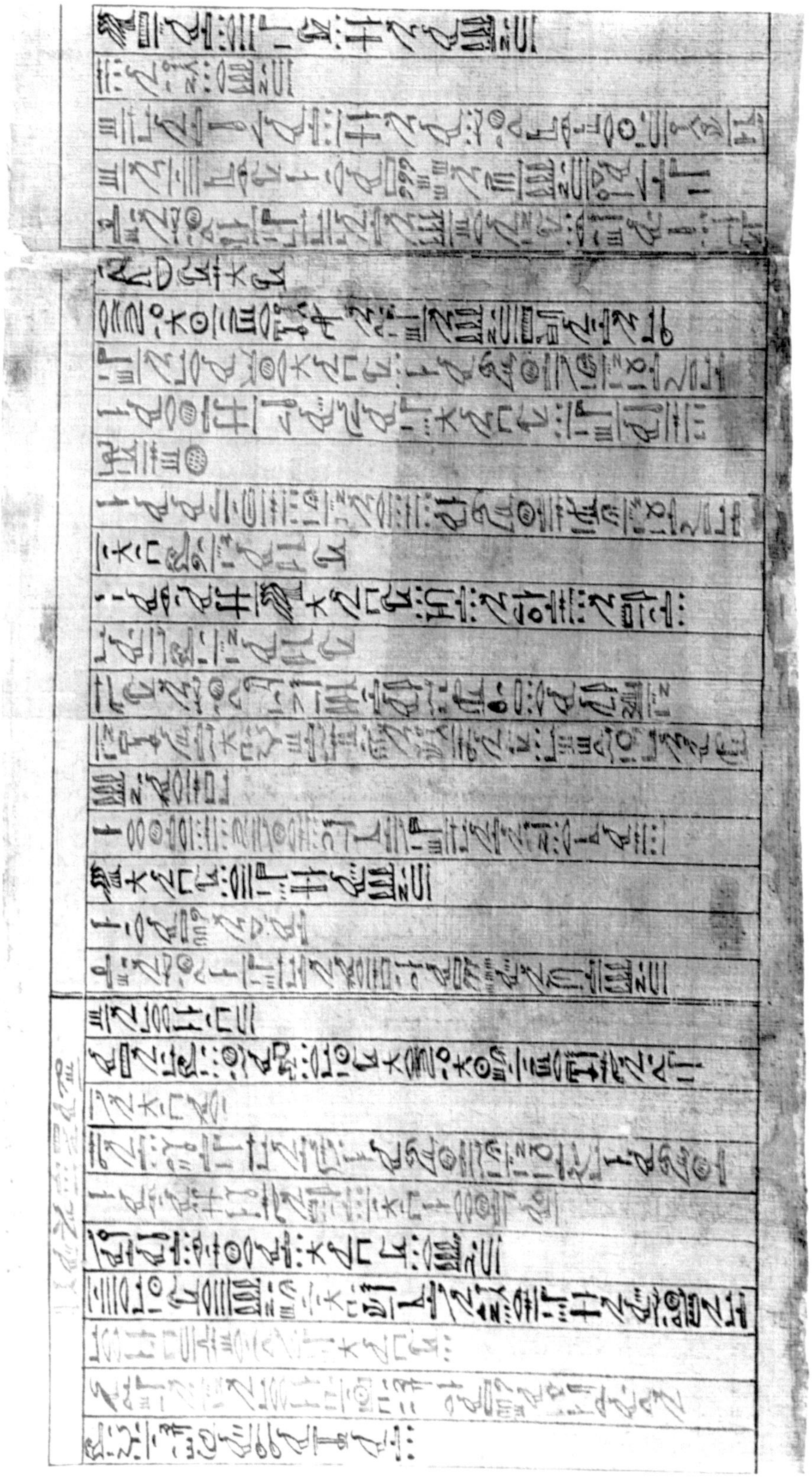

Pap. Berlin 3001: 1. bis 3. Stunde (Vers 1—52).

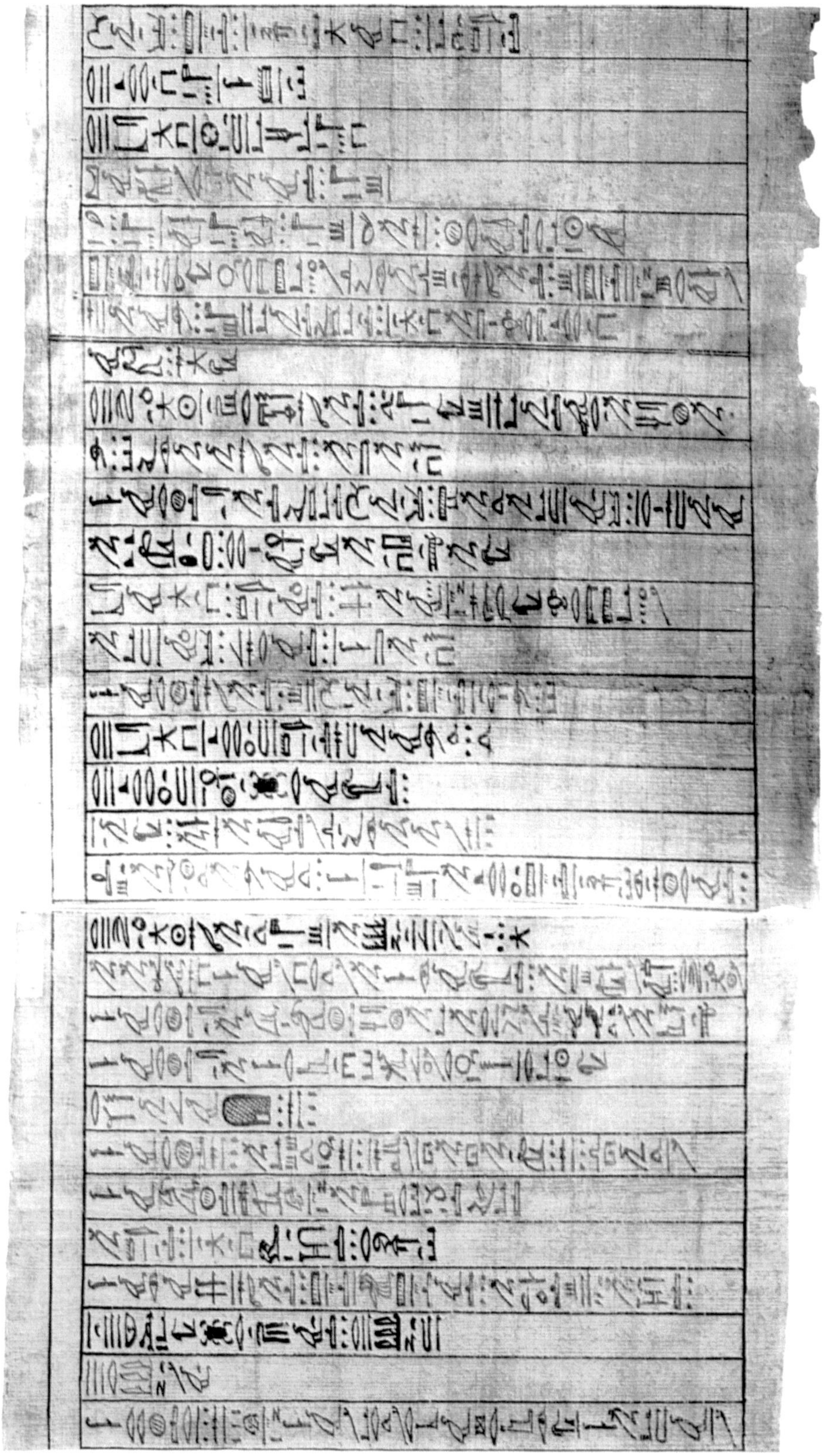

Pap. Berlin 3001: 3. bis 5. Stunde (Vers 53—97).

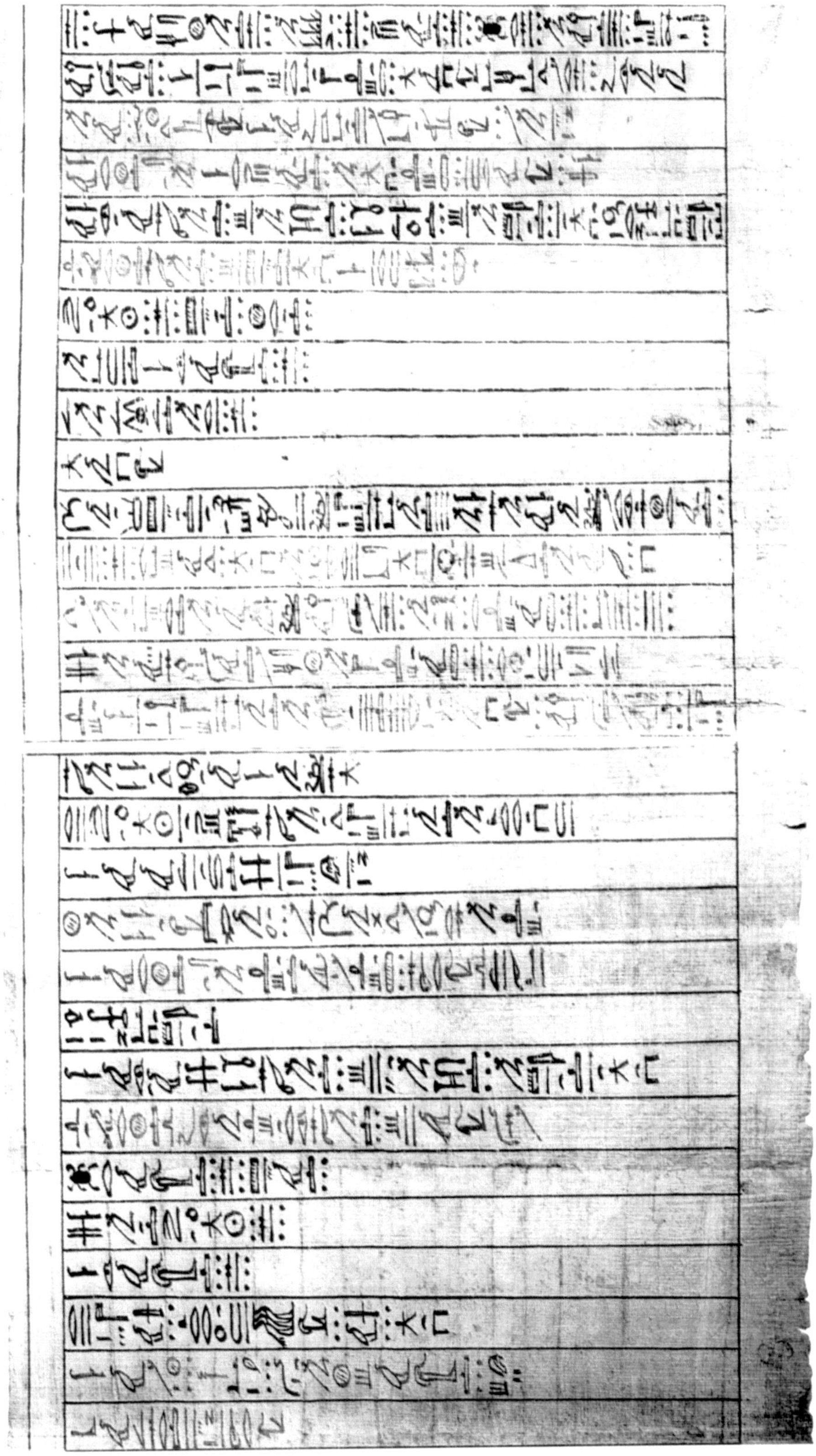

Pap. Berlin 3001: 5. bis 6. Stunde (Vers 98—142).

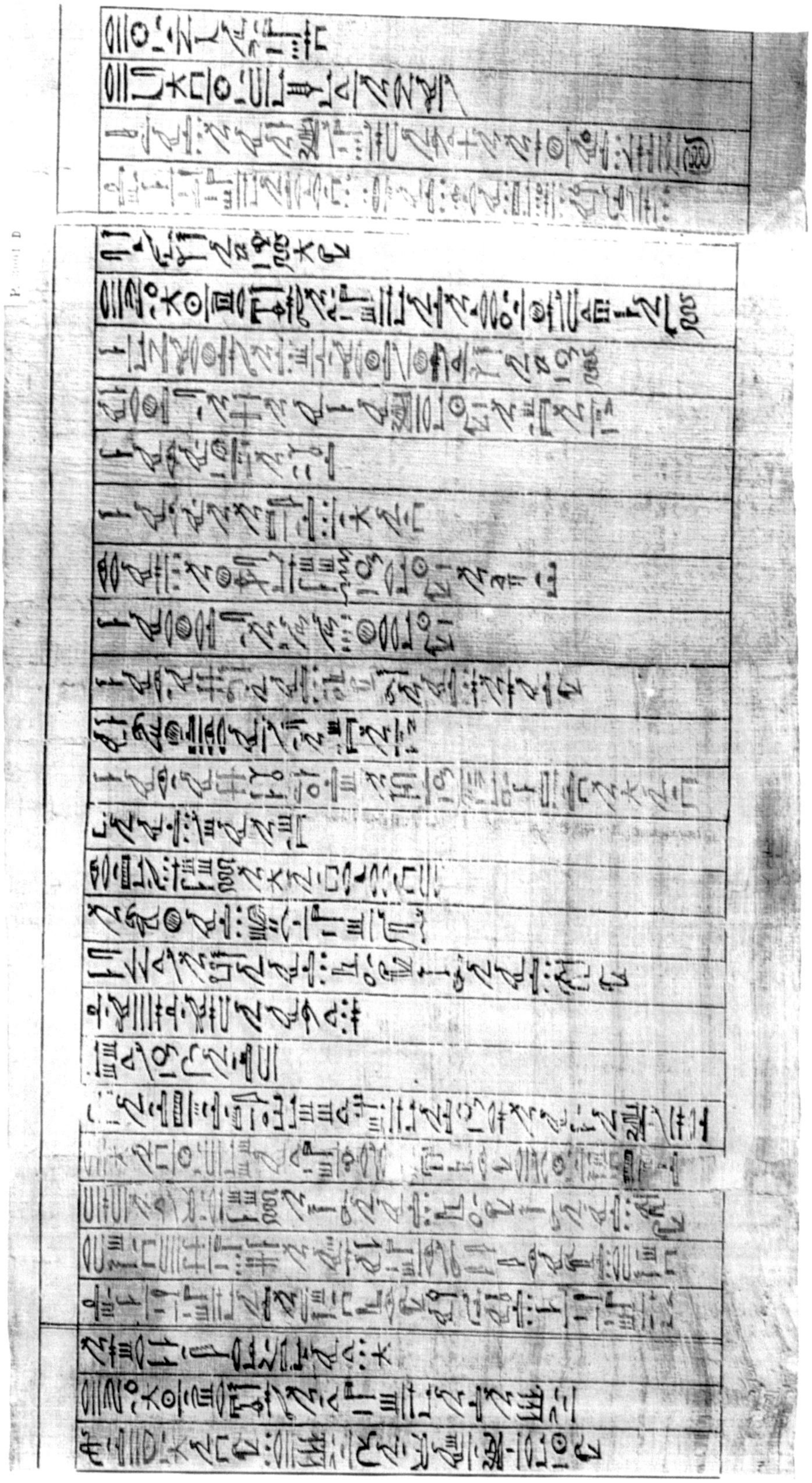

Pap. Berlin 3001: 6. bis 8. Stunde (Vers 143—201).

Pap. Berlin 3001: 8. bis 11. Stunde (Vers 202—254).

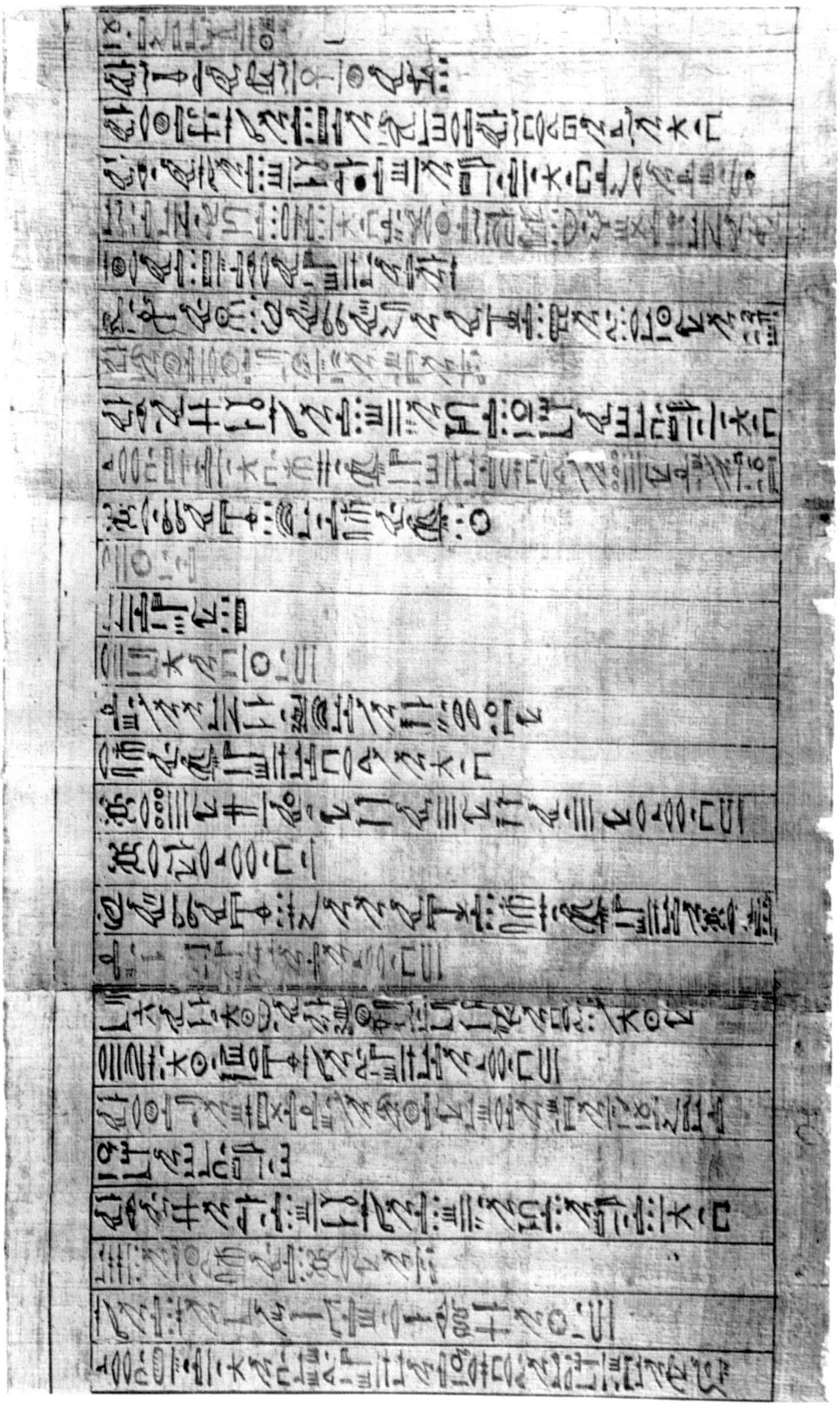

Pap. Berlin 3001: 11. Stunde bis Schlußtext (Vers 255—300).